JN438717

# 뜨개질로 한평생을

# 뜨개질로 한평생을

강이례 수필집

수필과비평사

## 축간사

# '기억 속 소중한 보물 쓰기'의 고귀함

정미순
군산노인종합복지관장

안녕하십니까? 군산노인종합복지관장 정미순입니다. 네 계절이 지나는 동안 수필 창작의 열정에 세월을 잊으시고 이렇게 멋진 책을 발간하게 된 강이례 작가님께 먼저 축하와 응원의 인사를 드립니다.

강이례 작가님은 2000년 복지관에 처음 가입하신 후 현재까지 다양한 취미 활동뿐만 아니라 봉사활동에 참여하시면서 지역사회에 모범이 되는 선배 시민의 모습으로 복지관에서 활발한 활동을 하고 계십니다. 평소에도 시 낭송 등 문학 활동에 열정적이셨던 강이례 작가님은 늦게 시작한 작가

활동이었지만 2021년 『수필과 비평』 제233호를 통해 신인상에 당선되는 등 문학 활동에 박차를 가하였습니다. 특히 2022년에는 우리 지역 군산을 구석구석 잘 알고 있는 이 지역의 이야기들을 어르신의 시선으로 표현하고 전하는 집필 작업까지 함께 해 지역 주민에게 귀감이 되었습니다.

어르신들의 일상 속 이야기를 끌어내는 것은 추억의 책장을 넘기는 일이었지만, 흩어진 기억 속에서 페이지를 찾기까지 많은 노력과 시간이 필요합니다.

하지만 강이례 작가님은 특유의 따뜻한 감성이 담긴 글로 현

대사회에 부족한 인간적인 유대감을 불러일으켜 주셨습니다.

"노인 한 명이 돌아가시면 좋은 도서관 하나가 사라지는 것과 같다."라는 말이 있듯이, 오랜 인생의 경험을 통해 강이례 작가님이 갖는 경륜과 지혜는 도서관에 비할 만큼 소중한 보물입니다. 강이례 작가님은 그러한 소중한 보물을 기억 속에만 품고 있는 것이 아닌 글로써 이야기로써 지역 주민과 함께 문학적으로 소통하고자 했습니다. 우리 어르신들은 인생의 삶을 남기시는 멋으로 무엇과도 바꿀 수 없는 고귀한 참맛

입니다. 무궁토록 이 열정 놓지 않고 정진하시길 바랍니다.

앞으로도 군산노인종합복지관에서는 어르신들께서 평범한 일상이 주제가 되고, 다양한 삶의 모습을 다룬 글을 집필할 수 있도록 최선을 다할 것이며, 많은 이들이 어르신의 글을 통해 마음의 위안을 얻고 인문학적 소양을 얻을 수 있도록 노력하겠습니다. 강이례 작가님의 수필집 출간을 다시 한 번 축하드립니다.

# 흐르는 세월 속에서 새로운 꿈을 꾸며

남녀 7세 부동석, 현모양처 등 생활 속에서도 뭔가를 많이 가르치셨던 노부모님의 2남 3녀 중 막내딸로 태어나 우여곡절이 너무도 많은 인생을 살았다.

며느리를 들이자마자 생각지도 못한 아이를 가지게 된 노산모는 고민만 하다가 출산을 했는데 모유가 나오질 않았다. 당시엔 아이에게 먹일 우유도 없었고, 남아 선호 사상이 심한 시절이라 아들도 아닌 딸이 나오지 않은 젖을 달라고 울어대니 산모는 애타는 마음에 얼마나 가슴을 태웠을까? 먹지도 못하고 울기만 하며 부실하게 자란 아이는 10세에 초등학교에 입학하고 작은오빠 덕분에 고등학교까지 졸업하게 되었다.

지금 사람들은 상상도 못 할 일제 강점기와 8·15해방, 6·25 전쟁 등 한국사의 굵직한 사건들은 모두 겪고 살아온 세월이다. 22세에 여고를 졸업하고 나니 그 시절엔 노처녀 나이여서 부모님들이 결혼을 서두르는 바람에 졸업하자마자 가정주부가 되고 말았다.

결혼하여 자식들하고 먹고살기 급급하여 조금의 여유도 없이 살다가 2000년 노인 복지관이 개관되어 운동도 할 겸 탁구교실과 무용부에 운동도 할 겸 다니게 되었다. 그러다가 후에 복지관에 문예반 수업이 개설 되어 그곳에 등록하였다. 여고 시절 국어선생님께서 시와 소설 등을 재미있게 소개해 주

셔서 평소에 문예반에 관심이 있었다. 나는 문예반 교실에서 훌륭한 선생님을 만나 글쓰기를 배웠고 많은 지도를 받아서 드디어 작가라는 이름을 가지게 되었다.

일주일에 2시간 진행되는 문예반 수업이 너무도 즐겁고 소중했다. 여고 시절 희미한 기억을 떠올리며 그 시절의 꿈인 작가가 되기 위해 늙은 나이에 새로운 꿈을 꾸게 된 것이다. 그러나 생각지도 못했던 팬데믹 전염병인 코로나19로 인해 작가로서 활발히 활동해야 할 3년이란 세월이 속절없이 허무하게 지나가고 말았다. 갇혀 지내던, 사라져 버린 기간 동안

지도해 주셨던 선생님은 그만두시고 이젠 만날 수도 없으니 세심하게 보살펴 주신 은혜를 갚을 길이 없다.

미약하지만 작가로 이름을 올린 후 계속해서 쓴 글을 모아 책으로 엮어 늙은이를 응원해 주셨던 선생님께 보답하고, 특히 초등학교면 충분하지, 상급학교 진학은 안 될 일이라며 결사반대하시는 완고하신 아버지를 설득하시어 당신 집에서 6년이란 세월을 보살펴 주어 고등학교를 졸업하게 해주신 오빠 영전에 바친다.

2023. 초여름
강이례

# 2021년『수필과비평』시상식

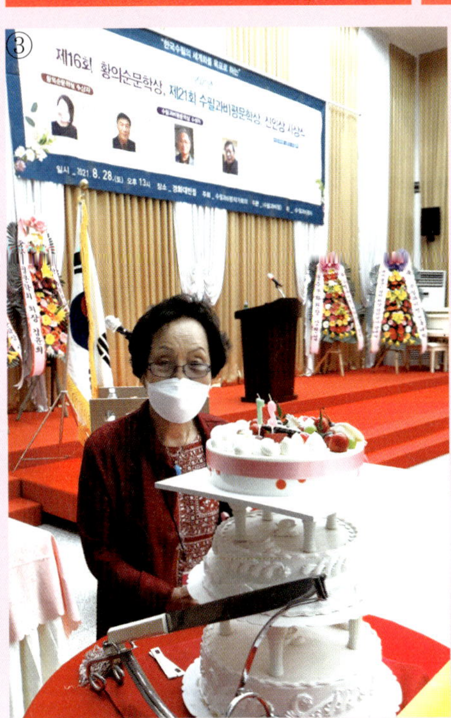

# 2021년『수필과비평』수상자

①② 『수필과비평』 서정환 발행인과 수상자 강이례
③ 수상 축하 케이크 앞에서
④~⑥ 2021『수필과비평』 수상자 단체사진
⑦ 수상자 강이례 당선 소감 발표

구불길 출판기념회에서 시낭송

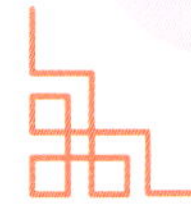

강이례 작가의 춤솜씨

① 살풀이

② 남편 김종기와 함께

③④ 한량무

탁구사랑 동우회원들과 레슨 장면

강이례 작가가 털실로 뜨개질해서 만든 옷, 모자, 가방

|차 례|



## 1부 도전하는 삶

## 2부 살다보면 이런 일 저런 일

|차 례|

## 3부 호미질하던 추억

## 4부 86세의 기적

|차 례|

## 5부 시



## | 발문 |

# 1부

# 도전하는 삶

수필과 비평

# 3월 신인상 당선 작가

강이례

## 털실로 만든 옷

인간 생활을 하는 데 기본이 되는 의식주 가운데 옷은 우리 몸을 보호해 주는 기능을 한다. 그러나 옷은 단순히 몸을 보호하는 물리적 기표만이 아니라 인체를 드러내거나 소통을 위한 의미작용을 한다. 옷을 만드는 재료가 되었던 털실이 재생할 수 있는 장점을 가지고 있다는 점을 착안한 화자는 털실의 재생력이 몸은 스러져 가도 그 본질은 새로운 외피를 입고 대대로 전해지는 인간사와 닮아있다는 것을 환기시킨다. 그것은 사라진 것에 대해 위로 받고, 재생하는 것에 대한 생의 긍정에 닿게 한다.

–유인실, '심사평'에서

『수필과비평』 233호(2021.3.) 신인상 수상작

# 털실로 만든 옷

말단직 공무원 면서기의 아내로서, 4남매의 어머니로서 쥐꼬리만 한 월급으로는 아이들에게 멋진 옷 한 벌 사 입히기가 어려운 때가 있었다. 그때 우리 아이들은 주로 털실 옷을 입었다.

물론 털실 값이 만만치는 않아도 손으로 만들어서 만든 털실 옷은 입다가 낡거나 싫증이 나면 실을 풀어서 다시 새로운 모양으로 만들어 다른 모양의 옷으로 입을 수 있다는 장점이 있어서 좋았다.

여름에는 가는 실로 메리야스뜨기를 해서 옷을 만들면 시원하게 입을 수 있어 두 딸에게 원피스를 형형색색으로 짜 입혔다. 겨울에는 공작실을 이용해 잠바며 외투, 모자까지도 뜨개질로 만들어서 입히면 매우 추운 날씨도 거뜬히 이겨 내며 즐거운 겨울을 보낼 수 있었다.

추석과 설 명절이 다가와도 아이들 의상에 대해 걱정해 본 적이 없는 애들 아빠는 매번 나에게 고마워하며 나의 솜씨를 칭찬하곤 하였다. 큰딸은 엄마가 손뜨개 해준 옷에 질렸는지 사 입는 옷 한번 입어 보자고 조르다가 중학생이 되어 교복을 입게 되면서 옷 타령은 끝이 나고 말았다.

내가 뜨개질을 하게 된 동기는 편물 학원에 다닌 것도 아니고, 따로 교습을 받은 것도 아니다. 올케언니가 손뜨개질하는 것을 어깨너머로 보면서 저절로 배운 것이다. 올케는 초등학교에서 교편생활을 하다 나보다 열두 살 위인 오라버니와 결혼을 해서 당시 신접살림을 하고 있었다. 시누이인 나는 그 집에서 중학교와 고등학교에 다니느라 6년이라는 세월을 같이 살았다. 언니와 지낸 여학교 6년 시절은 나에게 많은 것을 느끼게 하고 새로운 생활방식에 눈뜨게 해주었다. 그때 뜨개질도 생활화해 준 것이다.

양장점에서 맞춘, 몸에 딱 맞는 옷은 아무리 비싼값을 주고

산 옷이라도 재생을 할 수 없다. 이에 비해 뜨개질 옷은 만들어진 옷을 다시 풀어 새로운 옷을 만들 수 있는 장점이 있어 털실 옷의 고마움을 만끽할 수 있다. 또한 사명을 다하고 풀어헤쳐진 구불구불한 털실에 김을 쐬면 쫙 펴지면서 윤기 나는 새로운 실로 탈바꿈하는 것을 볼 때 그 상쾌한 기분은 이루 말할 수 없는 기쁨이다. 자기의 의무와 책임을 다하고 스러져 버린 그 어떤 것이 털실처럼 다시 새로운 생명력을 가질 수 있을까?

만물의 영장이라는 인간도 9988이니, 백세시대니 떠들어대며 삶을 연장해 보았자 치매나 노화로 인해 식구들 곁을 떠나 결국 요양원이나 요양병원으로 가야 하는 현실을 보면 인간의 세계는 털실보다도 못하다는 생각이 든다.

하지만 육체가 사라져도 자식으로, 손자로 지켜야 할 전통과 가치관이 이어지며 생활 속에서 실천되고 발현이 된다면 영원한 생명력으로 연이어 피어나는 것이리라. 할아버지 할머니에게 효도하는 부모를 보고 자란 자식은 부모에게 그대로 실천하며, 조부모로부터 사랑을 받은 손자는 자신이 늙어

할아버지가 되었을 때 손자들에게 가슴 따뜻한 사랑을 전달할 것이다. 이처럼 윗대에서부터 이어져 내려가는 핏줄의 끈은 털실의 재생 의미 같은 위대한 생명력임을 인정하지 않을 수 없다. 다음 세대로 옮겨질 때마다 뜨거운 김에 쐰 털실처럼 다시금 새로워지는 가정의 울타리가 이루어진다는 것은 그 무엇과도 바꿀 수 없는 핏줄의 힘일 것이다.

그 끈이 내 삶에서 끊어지거나 고부라진 채 펴지지 못한다면 어찌될까. 그런 것을 생각하면 되도록 올곧게 살아야 한다는 책임감이 더욱 크게 자리한다. 쓰고 나면 사라지고 마는 물질적인 것을 물려주는 것보다는 영원히 소멸하지 않는 정신적인 것을 물려주는 것이 더욱더 큰 뜻일 것이다. 새삼 어떤 것들이 물려줄 만한 것들인지 깊이 생각해 보아야 할 것 같다. 뜨개질을 오래하다 보니 그저 단순히 눈앞에 보이는 재생뿐만 아니라 이처럼 내면 깊숙이 들여다보는 재생의 의미도 생각해 보게 되었다. 그러고 보면 뜨개질은 내게 특별한 의미를 심어준 일이기도 하다.

이제 아이들은 다 자라서 제 삶을 찾아가고 나의 옷장에 남은 것은 아이들 입었던 뜨개옷에서 나온 털실들뿐이다. 버리려 생각하니 4남매의 체취가 남아 있는 것 같아서 내 옷으로 새로이 떠 입기로 했다. 스웨터며 카디건, 조끼, 치마 등등을 가지각색으로 떠서 입고 나가면 아시는 분들은 좋다고 한마디씩 하곤 한다. 폐품을 이용한 것뿐인데 백화점에서나 시장에게선 볼 수 없는 색다른 옷인지라 그런가 보다.

움직일 수 있는 한 손뜨개를 계속해 보려 하지만 이제는 오래 앉아 있으면 허리, 어깨, 다리 등 안 아픈 곳을 고르기가 더 어려우니 이 일을 어이할까? 그래도 내 생이 마감하는 날까지 낡은 것을 풀어서 새로운 것을 만드는 털실 같은 존재로 살아가려 한다.

## 당선 소감

꿈 많던 여고 시절 국어 선생님께서 공부 시간마다 시 한 편씩 소개하시며 무조건 외우라 하셨는데, 그 시간이 무척 즐거워 시에 도취되어 학창 시절을 보냈다. 졸업과 동시에 결혼 적령기로 부모님 성화에 못 이겨 직장 없는 고시생과 혼인을 하게 되어 열두 식구나 되는 시골 시댁에서 신접살림을 시작했다. 생전 해보지 못한 농사일과 집안일로 항상 허덕이면서 몸은 지치기만 했다. 세월이 속절없이 흘러가며 식구들 뒷바라지에 신문, 잡지, 책 한 번 구경 못 한 채 나이만 잔뜩 먹은 멍청한 늙은이가 되고 말았다. 평생을 집에만 박혀있던 할머니는 우연히 나가게 된 복지관에서 만난 수필 공부에 푹 빠져 나이 먹은 것을 망각한 채 살고 있다. 수십 년이 흘러 까마득한 기억의 저편에 희미하게 간직되었던 활자에 대한 갈망이 시작된 것이다. 너무 늦게 시작한 글공부지만 내겐 새로운 세상과 만남이다. 여생을 이리 뜻있게 보낼 수 있다는 사실에 감사하다. 선생님 지도가 누가 되지 않도록 앞으로 더 열심히 노력하겠다. 모든 것이 부족한 저를 기꺼이 뽑아주시어 용기를 주신 『수필과비평』 심사위원님께도 감사드린다.

# 결혼 예순 번째 고개를 넘으면서

신랑 나이 27세, 내 나이 23세 1958년 어느 추운 겨울날 전통 혼례를 마친 나는 시부모님, 큰동서 내외분, 조카 5명의 대가족이 함께 사는 시골집에서 신접살림을 시작했다.

나는 시골에서 2남 3녀의 막내로 태어났다. 내가 사는 마을과 학교가 있는 읍은 멀리 떨어져 있었던 데다, 막내였던 나는 다른 아이들이 입학하여 공부하는 데도 입학은커녕 집에서 어리광만 부리며 지내다가 10살이란 늦은 나이에 초등학교에 입학했다. 당시에 여자들은 초등학교를 졸업하고 학업을 중단하는 것이 당연시되던 시절이었다. 나는 다행스럽게도 작은오라버니의 배려로 고등학교까지 학업을 계속할 수 있었다.

22세에 고등학교를 졸업하자마자 이듬해인 23세에 결혼을 하게 되었다. 늦게 학업을 시작한 관계로 나는 당시 결혼 적령기였으나 결혼생활의 준비 기간이 전혀 없었다. 친언니들과 새언니들이 집안일들을 도맡아 했기 때문에 난 학교생활만 즐겁게 하다 시집을 갔던 것이다. 나의 시집살이는 너무나 고되어서 그때의 기억은 떠올리기조차 고통스러울 정도이다. 다시는 생각하고 싶지 않은 과거이다.

결혼 당시, 신랑은 직장이 없이 공부하던 사람이었다. 신랑은 법정대학을 나왔기에 그때 사람들이 그랬듯이 고시 공부에 전념 중이었다. 역설적이지만 우리가 부부로 만난 이유는 신랑이 고시 준비생이었기 때문이다. 나에게는 열두 살이나 위인 오라버니가 한 분 계셨는데 학창 시절부터 교장 선생님으로부터 신동이라고 불렸다. 교장 선생님은 오빠의 재능을 알아보고 장차 열심히 공부해서 법관이 되라고 자주 당부하셨다고 한다. 그러나 가정 사정으로 그 뜻을 이루지 못한 오빠는 고시 공부를 한다는 신랑을 소개받고, 막내 여동생의 짝으로 결혼을 추진하였다. 나의 결혼식은 3개월 만에 급속도로 거행된 것이다.

결혼 후 일 년이 가고 또 몇 년이 흘렀으나 신랑의 꿈은 이루어지지 않고 식구만 늘어갔다. 신랑은 일단 식구를 먹여 살려야 했기에 34세에 지금은 9급 공무원이지만 당시에는 5급 공무원 시험을 치렀다. 단번에 합격하여 면서기로 공무원 생활을 시작한 신랑은 고시에 대한 미련을 버리지 못하고 이후에도 계속하여 도전했다. 낮에는 공무원, 밤에는 고시생 생활이 얼마나 힘들었을까? 신랑도 곁에서 지켜보는 부인인 나의 삶도 지옥이었다. 꿈을 이루고자 하는 열망의 세월은 속절없이 흘러갔지만 동시에 공무원으로서 잔뼈가 굵어진 신랑은 나이 45세에 사무관에 진급했고 이후 마침내 고시의 꿈을 접었다.

공무원 발령장에 이곳저곳으로 계속 이사 다녀도 꿈에 대한 미련을 버리지 못하고 여태까지 소중히 간직했던 무거운 책들을 모두 버리는 신랑을 보면서 이제야 우리 가정이 시험지옥에서 벗어나는가 싶었다. 하지만 나에게는 또 다른 진짜 시험지옥이 기다리고 있었다. 첫아이의 고등학교 입시부터 자식들의 시험지옥이 시작된 것이다. 둘째의 고입 시험과 첫아이 대입이 겹치는 해를 비롯하여 4남매를 모두 대학에 보내고 그들이 모두 취직되기까지 나의 시험지옥은 계속되었다.

자식들의 시험지옥에서 해방되어 즐거움을 느낄 사이도 잠시, 나이 61세에 정년퇴직을 한 후 공부의 망령이 되살아났는지 남편은 다시 시험에 매달렸다. 이번에는 고시만큼이나 어렵다는 공인중개사 시험이었다. 1차는 쉽게 되었다가 2차가 떨어지자 다시 1차를 보았다. 처음에 쉽게 생각하고 시작한 공인중개사 시험공부는 점차 신랑의 집념으로 변해갔다. 그 사이 자식들 넷은 모두 시집 장가를 가고 손자 손녀도 안겨주었지만 나는 여전히 신랑의 시험지옥에서 헤매고 있었다.

공부에만 집착한 남편은 가족끼리 등산을 가기라도 하면 체력이 약해 맨 꼴찌로 따라왔다. 자식들은 아버지의 운동 부족과 체력부족을 걱정했다. 또한 가족들의 행사에도 시험 기간이 되면 초비상이 되어 눈치를 살피게 되었다. 자식들이 시험공부를 취미활동으로 하시고 운동을 하시라고 권하면 알았다고 대답만 할 뿐이었다. 시험 응시 횟수는 매년 늘어 갔지만 남편의 의지는 꺾일 줄 몰랐다. 마침내 2017년 남편은 공인중개사 시험에 당당히 합격했다. 전국 최고령인 86세의 나이로 말이다.

합격이라는 열매를 맺어 의지의 한국인을 몸소 보여주었고 손주 손녀들에게 할말이 있게 되었다 시험이 끝난 다음 날부터 나는 남편을 복지관의 탁구동아리에 이끌어 매일 탁구 연습을 함께하기 시작했다. 이런 노력이 효과가 있었던 것일까, 금년 5월 8일 어버이날에 가족들과 장자도와 선유도 등을 돌아보는데 맨 앞에서 걸어가는 아버지의 모습을 보고 아버지가 웬일이냐며 자식들이 좋아했다.

올해는 나의 결혼생활 60년 주년이 되는 해이다. 4남매의 어머니이자 한 남자의 아내로서 정신없이 살았으나 이제 문득 나 자신의 존재를 돌아보니 눈은 잘 보이지 않고, 귀도 잘 들리지 않고, 노환으로 아프지 않은 곳이 없다. 그러나 4남매 모두 건강하고 남편 역시 건강하게 살아 있으니 어찌 다행스러운 일이 아니겠는가.

운 좋게 여고 시절「한국인」이란 소설로 특선을 하셔서 소설가로 등단하신 국어 선생님을 만나 재미있는 소설책 읽기와 시를 읽고 외우는 즐거움을 알게 된 나는 이렇게 시험지옥으로 연속된 결혼생활을 하리라고는 꿈에도 상상하지 못했다. 하지만 서정주 시인의「국화 옆에서」와 김영랑 시인의「모란이 피기까지는」시 구절은 여전히 나의 가슴속에 붉고 선명하게 남아있다. 시험지옥의 고달프고 괴로운 결혼생활에서 가만히 꺼내어 시 낭송을 하다 보면 세월을 거슬러 여고 시절의 즐거운 국어 시간으로 되돌아가고 새로운 힘을 얻을 수 있었다.

미당 서정주는「국화 옆에서」라는 시에서 한 송이의 국화꽃피기까지는 봄부터 소쩍새가 울어야 하고, 천둥이 치고 무서리가 내려야 한다고 했다. 국화꽃 한 송이조차도 그런 치열한 과정이 없이는 필 수 없는데 하물며 사람의 인생은 더하지 않겠는가. 시험지옥에서 고통과 인내로 점철된 나의 결혼 60년을 되돌아보니 모두가 국화꽃 한 송이를 피우기 위한 힘든 과정이 아니었나 생각된다.

# 노인 복지관이란 쉼터에서

다양한 프로그램을 갖추고 있는 복지관에서 남은 인생을 즐기고 있는 80대 중반의 할머니다. 나는 탁구동아리에 등록하며 복지관에 다니게 되었다. 탁구동아리 모임을 처음 시작할 때 나의 등록 번호는 36번이었다. 탁구를 하는 동안 친구

전국체육대회(대구) – 전북 노인 대표로 참석한 저자

들도 사귀고 운동도 할 수 있어 일거양득에 즐겁게 지냈다. 또한 노인 대표로 다른 지역에 시합도 하러 다니고 노년에 건강한 생활을 유지할 수 있는 계기가 되었다.

더욱 보람되었던 것은 탁구동아리 소속으로 경로 식당에서 배식 봉사를 시작한 것이다. 복지관이 개관하면서 현재까지 19년 동안 꾸준하게 매주 수요일에 계속 배식 봉사를 해오는 동안 동료들은 나에게 '수요일의 여인'이라는 멋진 별명도 지어주었다. 지금은 봉사 일정이 개편되어 셋째 주와 넷째 주 월요일로 변경되어 진행되고 난 지금도 계속 봉사 중이다.

19년 동안 꾸준히 활동해 온 배식 봉사활동(오른쪽에서 두 번째)

세월이 갈수록 탁구 등록 회원들의 수는 계속 늘어나서 지금은 105명이나 되었다. 그사이 난 백내장 수술을 하여 안경을 쓰고선 공이 잘 보이지 않아 탁구 실력은 나날이 퇴보하고 있다. 이제는 나이도 있고 하니 봉사 활동도 그만두고 탁구나 열심히 치고자 한다. 하지만 탁구부 소속 인원이 많아졌음에도 선뜻 배식 봉사를 하겠다고 나서는 사람은 드문 것 같다.

탁구반과 거의 동시에 등록하고 시작한 한국 무용반에서도 장형이란 호칭을 받고 있다. 처음 같이 시작하여 배우던 동료들은 이제는 한 명도 찾아볼 수도 없고 젊은이들로 물갈

군산어르신예술제에 출연

이가 되어 분위기가 아주 젊어졌다. 이 삶이 얼마나 지속이 될지는 모르지만 지금 분위기에 동화되어 꾸준히 열심히 하지만 공연에 참여할 때마다 스무 살이나 차이 나는 젊은 동료들과 함께하려니 매번 마지막 공연이라는 다짐을 하게 된다. 해서 운동 삼아 수업에만 다니고 공연은 빼달라 하니까 선생님은 안 된다고 한다. 눈 화장도 어렵고 의상도 어렵고 문제가 많다고 하니까 화장은 하지 말고 의상은 생각하지 말고 몸 관리만 잘하시라고 한다. 배려하는 지도자, 감사합니다.

노인 복지관이란 쉼터가 없었다면 이 나이 먹도록 어떻게 탁구를 하며 운동을 하고 한국무용을 하며 공연에 참여할 수 있겠는가? 나에게는 고맙고 또 고마운 쉼터가 아닐 수 없다.

최근에 와선 남편까지 탁구동아리에 가입시켜 같이 노인 복지관에 다니고 있다. 덥거나 추운 날은 콜택시를 부르거나 버스로 다니고 대부분은 도란도란 이야기꽃을 피우며 뚜벅뚜벅 걸어 다닌다. 같이 취미활동을 할 수 있고 서로의 건강도 챙길 수 있어 좋지만, 주부 입장인 나에겐 더 좋은 점도 있다. 매일 점심을 둘이서 복지관에서 사서 먹거나 특별한 날은 친구들과 같이 외식을 한다는 점이다. 정년퇴임 후 외식이란 없이 3식을 준비하느라 매일 분주했던 나는 해방이다. 이 얼마

공연을 마친 무용부 회원들(앞줄 왼쪽에서 두 번째)

나 간편한 가정생활이 되었는지 시대의 변천에도 감사하고 나는 노인 복지관 예찬론자가 되지 않을 수가 없다.

공연을 마친 무용부 회원들(왼쪽에서 세번째)

군산어르신예술제 출연을 축하하러 오신 구불길 회원님들

# 작은 텃밭

나는 단독 주택 34평에 사는 가정주부이다. 단독 주택이라고는 하지만 대지와 건물의 평수가 거의 같아 집에서는 식물이라고는 볼 수가 없는 형편이었다. 아파트에서 사는 친구들은 온실 같은 베란다에 푸른 식물들을 가꾸던데 우리 집은 베란다 공간도 없다. 다만 빨래를 널 수 있는 옥상이란 넓은 공간이 있다.

처음에는 옥상 빈사리가 아까워서 화분에 고추 몇 개, 부추며 상추, 대파 등을 조금씩 심었던 것이 세월이 갈수록 계속 늘어나 지금은 어엿한 나의 소중한 작은 텃밭이 되었다. 신기하게도 미나리를 사다 먹고 뿌리를 옥상 물통에 담가 두었더니 제법 잘 자라서 작년부터 물김치를 담가 먹는데 계속 요긴하게 사용하고 있다. 물과 거름을 먹고 하루하루가 다르게 커 나가는 채소들의 모습을 바라보면 젊은 날에 자식들을 키울 때의 감정을 느끼게 한다. 무공해 식품을 먹기 위해 만든 텃밭이기에 비료 대신, 쌀뜨물, 음식쓰레기, 채소 씻은 물, 생선 찌꺼기 등을 모아서 거름으로 사용하고 있다.

작년엔 고추를 80포기 심어 15근을 따서 우리 식구들 김장을 하는 데 넉넉하게 사용하였다. 처음에는 탄저병도 생기고 벌레도 생겨 처리하느라 힘들었다.

친구가 준 블루베리 한 그루를 잘 길러 처음으로 열매가 열렸을 때는 동네 비둘기며 참새 등 모든 새들이 어떻게 알았는지 우리 옥상에 모여들어 파티를 즐기고 있었다. 마치 새들끼리 우리 옥상에 가면 맛있는 것들이 있다는 소식을 서로 주고받은 것 같았다. 새가 처음에 모여들 때는 땅에서 무언가를 주워 먹고 다니기에 벌레를 잡아먹나 보다 생각하여 우리에게 도움이 되겠거니 했는데 우리의 생각과는 전혀 달랐다. 주변 사람들이 사용하는 방법인 그물도 사용해 보았으나 별로 효과가 없었다. 할 수 없이 같이 먹고 살자 포기하며 견디면서 기다렸더니 양심(?)은 있었는지 우리가 먹을 것은 쪼금 남겨 주었다.

올해는 고추 50포기, 오이고추, 오이, 피망, 가지, 호박, 방울토마토, 큰 토마토를 각각 4포씩 사다 심었다. 양배추는 6포기, 치커리는 4포기를 사서 심었다. 작년보다 적게 심은 고추는 아직은 그런대로 괜찮은 것 같은데 작년처럼 수확이 잘될 수 있을지는 아직 미지수이다. 오이고추, 호박, 피망은 아쉽게도 비료와 약을 안 주어서 그런지 잘 자라지 않고 열매가 거의 안 맺혀 올해는 실패한 것 같다.

결혼 60주년을 넘긴 노부부의 쉼터이기도 한 작은 옥상 텃밭을 24년 세월 동안 일궈내면서 느끼는 소소한 행복함과 만족감은 셀 수 없이 많다. 그중에서도 작년에 고추 15근을 딴 것과 올해 치커리라는 채소를 심었던 것이 가장 만족감이 크다.

언젠가 방영된 텔레비전 다큐멘터리 프로그램에서 불순물이 섞인 중국산 고춧가루, 쇳가루가 다량 포함된 고춧가루, 사람에게 해로운 것들이 첨가된 믿을 수 없는 고춧가루 등이 시중에 많이 유통되고 있다는 것을 본 적이 있다. 그 방송 시청 이후에 난 고춧가루에 실망하여 음식점에서 나오는 김치를 거의 먹지 못하는 심정이 되었는데 내 손으로 고추를 기르고 따서 김장하였다는 기쁨은 말로 표현할 수가 없는 일이다.

올해 처음 심은 치커리라는 채소는 어찌나 잘 자라는지 우리에게 친숙한 상추 같다. 계속해서 이파리를 매번 뜯어 먹었는데 나중엔 줄기가 나오더니 그 줄기에서 아주 예쁜 보라색 꽃이 피기 시작하여 장관을 이루었다. 처음이라 언제까지 꽃의 아름다움이 유지될지는 모르지만 요즈음 우리 옥상 텃밭을 아름다운 정원으로 만들고 있다.

나의 소중한 작은 텃밭은 노년기의 내 삶에 많은 보탬이 되고 있다. 가장 큰 보람은 텃밭에서 내가 기른 채소는 비료를 안 주기에 질기긴 하지만 스스로 재배한 무공해 식품을 즉석에서 먹을 수 있다는 장점이 있다. 고추 이파리, 호박잎, 들깨 이파리는 먹고 싶으면 어느 때나 따기만 하면 먹을 수 있어 두 식구의 반찬은 걱정이 없다. 또한 속상하고 기분이 우울할 땐 텃밭에서 자라고 있는 식물들과 대화하다 보면 저절

로 풀어지기도 한다. 고추며 오이, 가지를 바가지 가득 따 가지고 옥상을 내려오는 즐거움은 어디에서도 얻을 수 없는 기쁨이다.

우리 집 바깥양반은 아침이면 눈 뜨기가 바쁘게 식물들이 얼마나 자랐는지를 살펴보기 위해 옥상을 올라다니느라 등산을 가지 않고도 저절로 아침 운동을 시작하며 아침저녁으로 채소가 마를까 봐 물 주기가 바빠 텃밭은 주인 양반의 건강을 유지하는 데도 일조를 하고 있다.

## 우리 부부가 옥상에 일군 작은 텃밭

# 고추

5월 중순 무렵에 심은 고추는 꽃을 피우고 열매를 맺어 8월 초순쯤부터 따기 시작한다. 이때부터 나는 고추와의 전쟁을 시작한다. 고추가 빨갛게 익으면 따다가 하룻밤을 재우고 만져 보아서 좀 부드럽게 되면 가위로 길게 이등분하여 씨를 빼고 햇볕에 말린다. 비가 오거나 날씨가 좋지 않을 때는 선풍기를 이용하여 말린다. 시중에서 판매되는 태양초처럼 이등분하지 않고 통째로 말리려 노력해 보았으나 속에서 곰팡이가 생기기 때문에 가운데를 갈라서 말리는 방법이 가장 좋았다.

요즘 고추를 대량으로 생산하는 사람들은 건조장을 갖추고 있어서 고추 말리는 것은 일도 아니라고 하는데 나는 건조기가 없다. 딸이 안 쓴다고 가져다준 전기 건조기는 작아서 과일을 말리는 데 사용하면 적당하지, 고추 말리는 데는 불편하였다.

나는 원래 모든 일은 맨손으로 한다. 세제로 설거지를 할 때조차도 장갑을 끼면 답답하고 마음대로 빨리빨리 일이 안 되는 것 같아 장갑을 끼지 않는다. 맨손으로 고추씨를 빼느라 고생을 하지만 빨리 말라서 보람을 느끼고 있다. 처음엔 손이 매워서 견딜 수가 없었으나 습관이 되니 견딜 만한 정도가 되었다. 오죽하면 '고추와 나의 전쟁'이라 했을까? "고초당초 맵다 한들 시집살이 비할쏘냐." 하는 속담도 있듯이 시집살이도 했는데 이런 것쯤이야. 하지만 매운 손으로 세수를 하면 눈이 매워서 견디기가 힘들고 화장실에서 매운 손으로 화장지를 사용하면 따가워서 힘이 들었다.

내가 고추를 직접 재배하려고 집착하는 이유는, 고추는 비료를 많이 주고 약을 많이 쳐야 잘 자라서 우리가 먹을 수 있게 된다는 것을 알고 나서이다. 고추를 길러 보니 처음엔 탄저병으로, 다음은 진딧물이 생겨 고추가 제대로 열리지도 못

하고 죽어 가기도 했다. 고추 농사에 성공하기 위해서는 화학비료와 농약을 해야만 하나 많이 고민했다. 하지만 무공해 고추를 먹기 위해 다짐했으니, 비료를 주지 않고 음식 찌꺼기, 왕겨, 쌀뜨물 등으로만 땅심을 돋우려 고집했다. 땅이 정성을 알아주었는지 아니면 비료를 안 주고 약을 안 주니 옛날 땅으로 돌아왔는지 이제는 그런대로 고추를 딸 수가 있다.

고추는 종류도 많아 우리의 밥상을 풍성하게 한다. 일반고추, 청양고추, 조림 고추, 오이고추, 피망, 파프리카 등 다양하게 역할을 하고 있다. 일반 고추는 주로 김치를 담그거나, 고추장을 만들 때 제일 많이 쓰이는 것 같다. 청양고추는 톡 쏘는 매운맛을 나게 하여 찌개를 끓일 때 넣으면 맵고 묘한 감칠맛을 낸다. 조림 고추 역시 멸치 등과 함께 조림하면 맛이 또한 일품이다. 생식을 주로 하는 오이고추는 짬장이나 된장, 고추장을 찍어 먹으면 달콤한 맛이 나며 밥맛을 돋우는 데 일등 공신이다. 파프리카와 피망은 식탁의 풍성함과 아름다움을 담당하고 다양한 반찬을 만드는 데 활용할 수 있어 현대인들에게 특히 주목을 받는 것 같다.

이러한 여러 종류 고추는 어릴 때는 똑같은 모양새를 하고 있어서 구분이 안 되고 열매가 달려야만 구별이 되는 식물이다. 우리가 어릴 때 한 교실에서 단발머리 거의 비슷한 모습으로 같은 교육을 받고 자라지만 성장하면 각자의 삶대로 나중에는 다양한 자신의 인생을 살아가듯이 고추도 비슷한 모습을 보여준다. 내가 어렸을 때 고추는 지금의 일반고추 한 종류뿐이었고 크기도 작다. 크기가 작아 햇빛에 말리기도 좋아서 '태양초'와 '작은 고추가 맵다.'라는 말도 생겼다. 지금은 농업 기술의 발달과 농약, 비료 등의 사용으로 예전의 몇 배가 되는 크기의 고추가 생산되니 햇빛에 말리기가 어려워 진정한 태양초를 찾기가 어렵다고 한다. 세월이 지나면서 좋은 점들도 많아지지만, 반면 예전의 장점들도 많이 사라지는 것 같다.

내가 말린 고추를 고추 방앗간에 가지고 가니 주인 말씀이 방앗간을 수십 년간 운영하고 있지만 이렇게 말려서 가져온 고추는 처음 보았다고 한다. 어떻게 가운데를 갈라서 말릴 생각을 했느냐고 묻는다. 사람은 궁하면 다 나름대로 방법을 찾으면서 살아가는 모양이다. 물론 어려움을 감수하지만 말이다.

# 착한 질부 저세상 가다

세상에 태어나서 팔십 중순에 이르기까지 사는 동안 가장 착하고 좋은 한 사람을 뽑으라면 아마 우리 질부일 것이다. 그런데 그 질부는 63세를 일기로 며칠 전 저세상으로 떠났다. 하늘이 무너진 것 같고 내가 너무 오래 살았나 하는 느낌이 들어 마음 추스르기가 어렵다.

35년 전, 질부가 우리 집안에 시집오던 때가 마치 어제 일처럼 생생하게 기억난다. 신혼여행에서 질부가 돌아오던 날 나에게는 오라버님이신 질부 시아버님의 회갑연이 있었다. 회갑이라고 다시 모이려면 번거로우니 오늘 밤 신혼부부 온다고 모든 가족이 모인 김에 미리 연회를 하자고 올케가 부추기는 바람에 즉석에서 회갑 잔치가 이루어진 것이다.

오라버니 잔치의 흥을 돋우기 위해 막냇동생이 노래를 불러야 한다고 부추기기 시작했다. 주변 성화에 이런 날은 어떤 노래를 해야 하는 건가 고민하다가 졸업식 곡에 가사를 고쳐서 불러 보았다.

어언간에 회갑을 맞는 오라버님께
두 손 모아 기원 노래 부르렵니다.
걸어오신 업적으로 거울삼으며
오라버님 만수무강 비옵나이다.

한 달 뒤에 새 신부인 질부에게서 전화가 걸려 왔다.

"고모님의 노래 너무 인상 깊었어요. 곧 찾아뵙겠습니다."

새각시에게는 처음 들은 내 노래가 각인이 되었나 보다. 질부는 교장 선생님 딸이라 그런지 요즈음 여성 같지 않고 한국의 고전 작품에서나 나옴 직한 얌전하고 온순한, 전형적인 고전적 여성이었다. 교사 생활을 하면서도 세탁기를 사용하지 않고 모든 빨래를 손으로 했고, 외식이라는 것이 없이 식구들에게 모든 음식을 만들어 먹였다. 오라버니와 올케언니는 지상 최고의 며느리를 얻었다고 좋아하며 항상 칭찬하셨다.

그 후 질부는 딸 하나 아들 하나를 낳았다. 조카는 잘 다니던 회사를 그만두고 건설업을 시작하였다. 처음에는 잘되는가 싶었는데 아이엠에프 이후로 하는 일마다 잘되지 않아 질부가 교편생활을 하면서 고생이 많았다. 아이들 때문에 친정집 근처에 살면서 질부는 맘고생을 더한 것 같았다. 세월은 흘러서 질부의 시아버님이신 오라버님이 돌아가시고 시어머님인 올케도 돌아가셨다.

언젠가 질부는 전화했다.

"고모님, 이대로는 도저히 못 살겠어요. 이혼해야겠어요."

그렇게 착한 사람이 이런 말을 할 때 난 할 말이 없었다. 처음에는 오죽했으면 그런 생각을 하겠느냐며 하고 싶은 대로 하라고 했다. 하지만 그렇게 무관심하게 지나칠 수가 없어 충고해 주었다.

"자네가 살아보아서 알지만, 남편이 마음이 나빠서 그런 것이 아니고 사업이 안 되어서 그러는 것이니, 어떻게 할 수 없지 않은가? 자네 남편이 어려서부터 아주 착하고 공부도 잘

해 전주고등학교도 어려움 없이 다녔는데 대학입시 때 신청한 과에만 학생들이 많이 몰려 계속 서울대에 실패하고 삼수를 하여서 간 곳이 성균관대학이었다네. 그때부터 인생이 꼬인 것 같아서 마음이 아프다네. 형제자매가 모두 명문인 연대, 이대를 무난히 다닌 것도 그 애 지도로 이루어진 것이네. 우리 아들도 고등학교 시절 방학 동안에 형에게만 지도받고 과외나 학원 한번 안 다니고 서울대학 갔네. 그 머리로 사업하는 데 왜 그리 잘 안되는지 마음이 더 아프네.

그러니 산하와 재균이 아이들을 보고 다시 한번 잘 생각해보게. 재균이 그 녀석이 아직 어리지만, 할아버지를 똑 닮아서 앞으로 큰인물이 될 걸세. 물론 자네도 잘 알겠지만, 자네 시아버님은 학업이 뛰어나 일본 사람만 다닌다는 농림학교를 졸업했다네. 공부를 잘한 것은 물론이고 효심도 깊어 이른 아침 학교에 가기 전 논에 가서 부모님이 해야 할 일들을 꼭 도와주고 등교를 했다네. 졸업 후에는 고위직 공무원을 수십 년 하시고 퇴직하셨지. 재균이가 꼭 할아버지를 연상케 하네. 산하, 재균이 엄마 없는 아이를 만들 것인가? 아니면 아빠 없는 아이를 만들 것인가? 애들을 믿고 한 번 더 생각해 보게."

이런저런 이야기를 하고 전화를 끊었다. '어쩔 수 없는 시댁어른 노릇을 한 것은 아닌가?' 하는 생각과 '얼마나 고생이 많으면 그런 생각까지 했을까?' 하는 걱정이 마음 한구석에 언제나 무겁게 자리 잡고 있었다.

세월은 흘렀고 조카와 질부는 그런대로 별일 없이 살았다. 질부 딸이 시집가는 날 기쁜 마음으로 참석했다. 야외 결혼식인데 질부 아들인 손자 녀석이 고모할머니께서 가족 대표로 한말씀 하시라고 해서 난 또 한 번 가사를 개조하여 만든 노래를 불렀다.

경사 났네. 경사 났네.
강산하가 시집을 가니
장인 되고 장모 되어
재균이네 집에 경사가 났네.
우리 모두 즐겁게 웃는 얼굴로 하하
우리 모두 즐겁게 웃는 얼굴 하하

하하 하하 하하 여기 오신 하객님들
우리 모두 즐겁게 건강하게 삽시다.

"질부, 자네가 전화했을 때를 회상하며 저절로 축하 노래가 나왔다네. 그런데 그 나이에 웬말인가? 저세상을 가다니…."

세상살이가 너무 공정하지 못한 것 같다. 그 어려운 생활 속에서도 만날 때마다 항상 웃는 인상으로 남 원망하지 않고, 남의 말 하지 않고, 윗사람 공경할 줄 알고, 그렇게 착하게 산 우리 질부가 이리 허망하게 가버리다니.

"질부, 저세상에 가선 고생하지 말고 편안한 생 보내기를 기원하네."

# 막내

막내는 부모가 살아 계실 때엔 자식 중에서 가장 큰 사랑을 받으면서 세상에 두려울 것이 없는 삶을 누리던 존재였던 것 같다. 부모에게도 역시 여러 자식 중 맨 마지막으로 태어난 막내는 그 자체만으로도 사랑스럽고 기특하고 바라만 보아도 애착이 가는 귀염둥이다.

큰아들이 학교에서 95점 받은 시험지를 들고 오면 좀더 잘 해서 100점을 맞아야지 하면서, 어려운 산수 문제를 풀게 하고 욕심을 내면서, 막내가 들고 오는 성적표는 50점을 받아 와도 신통하고 대견해서 궁둥이를 두드리며 애썼다고 웃으면서 맞이하는 그 마음은 경험하지 않은 사람은 모를 것이다.

어쩌다 보니 우리 부부는 막내끼리 만났다. 더 신기한 것은 시댁의 시할아버지도 막내, 아버님도 막내다. 거기다 친정 할아버님도 막내요 내 아버님도 막내다. 시댁에 가면 날 새언니라고 부를 사람은 아무도 없고 친정에 가면 신랑을 형부라고 부를 사람이 하나도 없다. 하지만 직계 조카들은 매우 많다. 큰시숙이 7명, 작은시숙이 8명, 시누이가 8명의 자식을 낳았다. 친정으로는 큰오빠가 1명, 작은오빠가 5명, 큰언니가 4명, 작은언니가 5명의 아이를 낳아서 우리 부부에게는 총 38명 조카가 있다.

세월은 흘러 그 많은 조카는 모두 시집 장가를 갔고, 어느덧 어른들도 돌아가시고 시누이와 언니 한 분만 살아계신다. 그 많은 큰일들을 거의 다 끝마쳤다, 생각했더니 이제는 조카들이 낳은 자손들이 시집 장가를 간다고 청첩장이 날아든다. 조카들은 본인들의 부모님이 다 돌아가셨으니 작은아버지, 어머니께서 혹은 외삼촌 · 외숙모, 이모부 · 이모님께서 대신 참석해달라는 것이다. 이것이 막내가 겪어야 할 일인가 보다. 팔순 중반에도 할 일이 많다는 것은 좋은 일인 것 같기도 하고 힘든 것 같기도 해서 알쏭달쏭하다.

한편으로는 문명의 발달로 살기가 좋아졌다고는 하지만 인간관계가 어렵고 사는 것이 복잡해서 요즈음 아이들은 시집 장가도 안 가려고 한다는데 결혼하겠다는 청첩장이라 얼마나 반가운 일인가 싶다.

요즈음은 청첩장을 보내는 방법도 여러 가지다. 그저 인사치레로 성의 없이 보내는 것도 있고, 청첩장에 계좌번호까지 적어서 보내는 것도 받아보았는데 이건 아닌 것 같다. 어쩐지 물질적인 면을 앞세우는 것 같아 축하하고 싶은 마음보다 씁쓰레한 마음이 들 때도 있다. 그런데 이번에 자식을 결혼시키는 조카는 미리 전화로 작은아버지와 어머니의 안부부터 묻고 정겨운 초청을 하였다. 참으로 흐뭇한 마음이어서 오가는 대화가 화기애애했다.

그런데 서울에서 결혼식을 하는데 큰아들 집에 묵을 수가 없었다. 큰아들의 막내 녀석 대학 입학시험 보는 날이 얼마 남지 않았는데 공연히 우리 부부가 가서 덤성거리면 행여 방해가 될까 봐 군산에서 서울을 당일치기로 다녀왔다. 늙은 나이는 속일 수 없는지 몇 날 며칠이 흘렀어도 피곤함에 지친

몸이 회복이 안 되고 있다.

이제 겨우 조카 자손들 결혼식 3분의 1밖에 참석을 하지 않았는데 나이는 어쩔 수 없나 보다. 하지만 열심히 운동하고 체력을 길러 나머지 3분의 2 결혼식도 즐거운 마음으로 참석을 해주려고 한다. 부모의 사랑을 많이 받았으니 조카들에게 베풀어 주어야 하는 막내의 의무인 것 같다.

어쩌면 그 막내의 의무가 우리 삶에 윤활유가 되는 건 아닐까.

# 종교

나는 종교를 갖게 된 동기가 있다. 친정어머니께서 내 나이 39세에 별세하셨다. 당시에는 사람이 죽으면 집안에 영좌(靈座)를 해놓고 1년간 정중히 모시는 풍습이 있었다. 그런데 두 며느리가 교회를 다니니까 어머니께선 평소에 고민을 많이 하셨는지 유언처럼 "내가 죽거든 집에 영좌(靈座) 같은 것 하지 말고, 절에 가서 49재만 지내고 모든 것을 끝내라." 라고 말씀하셨다.

그런 일이 있고 며칠 후에 친정어머니는 돌아가시고 49일이 되었는데 하필이면 그날이 시아버님 생신이어서 참석하지 못하여 마지막 유언까지도 지키지 못한 불효한 딸이 되었다.

능력 없는 어미인지라 4남매 뒷바라지에 얽매여서 친정 부모님은 생각하지 못 하고 살아온 인생이 너무도 서러워 그 마음을 다스리기 위해 군산 동국사라는 절에 다니기 시작했다. 어찌 보면 친정어머니 유언도 지키지 못한 마음의 한풀이였다. 당시 남편은 도청에 근무하다가 군산시청으로 발령을 받아 군산으로 이사를 왔는데, 큰애가 중학교 추첨을 하는 초등학교 6학년 말이라서 전학시킬 수가 없어 전주에 두고 오면서 두 집 살림이 시작되었다.

그 뒤로 작은딸도 전주로 시험을 보아서 전주여고에 입학했다. 큰아들은 고교평준화로 고등학교를 추첨해서 갔는데 기독교 재단이며 이제 막 인문계 학교로 변경된 영생고등학교로 배정되었다. 입학 후 처음 3월 성적표가 나왔는데 세상에 50등도 아니고 100등 안이다. 놀란 마음을 진정하고 다른 아이들 성적을 자세히 살펴보니 종교 점수가 전부 90점인데 우리 아들 점수만 혼자 60점이었다.

아들은 가정환경조사표 종교란에 어머니가 절에 다니기에 불교로 기록했다고 한다. 종교 때문에 피해를 본 아들은 학교에 대한 신뢰를 잃었는지 전학시켜 달라고 조르기에 어미 종교 때문에 도움이 되지 못하는 존재가 된 것 같아서 고민이 심했다. 할 수 없이 아들을 서울로 전학시키는 결과를 알 수 없는 모험을 시작했다. 서류 접수하고 4개월이 지난 7월에 서울 동국대학교 부속 고등학교로 전학이 결정되었다. 그런데 또 이건 웬일인가? 종교 때문에 전학을 했는데 그 많은 학교를 제치고 또 불교 학교라니. 우연치고는 희한한 일이라고나 할까? 아무튼 나에게는 세 집 살림이 시작되었다. 큰딸은 전북대학교 사범대 3학년, 작은딸은 전주여고 3학년, 큰아들은 동국대학교 부속고등학교 1학년, 작은아들은 군산에서 중학교 2학년. 4남매 학교가 있는 서울, 전주, 군산을 오가며 눈코 뜰 새 없는 살림살이였다.

모험을 시작하고 세월이 흘러 큰딸은 인천광역시 남인천여자중학교 교사로 발령이 나고, 작은딸은 서울대학교 졸업하고 서울대병원에 취업했다. 큰아들은 서울에서 고등학교를 무사히 마치고 서울대학교 대학원까지 마치고, 작은아들은 고려대학교를 졸업했다. 그리고 자연스럽게 세 집 살림이 서울과 군산 두 집 살림으로 좁혀지게 되었다.

생각해 보면 모든 것이 종교의 힘인 것 같다. 앞날을 알 수 없는 상태에서 커다란 모험을 했는데, 아이들이 각기 나름대로 좋은 대학에 합격하여 제 길을 찾아가는 걸 보고 종교의 힘인가 생각되어 독실한 불교 신자가 되고자 결심했다. 그러나 아직도 불교에 대해서는 아무것도 아는 것이 없고, 다만 절에 가끔 방문하여 집안 잘되고 자식들 잘되라고 두 손 모아 간절한 마음만 전할 뿐이다.

남편은 발령장 종이 한 장으로 이리 가라면 이리로, 저리 가라면 저리로 가야 하는 공직자여서 처음에는 남편 따라 군산에 있는 동국사를 다녔다. 이후 남편이 사무관으로 승진하여 장수군청으로 발령이 되어 나는 아이들이 있는 전주로 이사를 하고, 절도 바꿔서 전주 관음사에 다니게 되었다. 몇 년 후 남편은 다시 군산으로 발령되어 이사했는데 절은 옮기지 않았다. 어느덧 40년이 지난 지금까지도 전주에 있는 절에 다니고 있다. 요즘은 나이가 들어 아침 일찍 목욕재계하고 지역이 다른 절에 가는 것이 너무도 힘이 든다. 하지만 내가 몇 년이나 더 다니겠다고 절을 옮긴다는 것이 옳은 일인지 큰 고민이 된다.

경제적 능력도 없으면서 아이들 잘 가르쳐 보겠다고 여기저기 벌여놓고 뒷 수발하느라 정신없이 삶을 살았기에 힘에 부칠 때마다 부처님의 가피에만 의지하였다. 이젠 삶을 돌아보며 『천수경』이나 열심히 외우려고 해도 불교 경전은 어려운 용어가 많아서인지 잘 외워지지가 않는다.

종교란 것이 무엇인가? 인간의 과거와 현재 미래의 불확실한 삶에 대한 두려움의 의지처로 나의 마음을 닦아서 혼란하고 어렵고 복잡한 세상에서 나만이라도 똑바르게 세상을 살아내야겠다는 다짐을 하게 하는 것이다.

# 도전하는 삶

시끌벅적하던 자식들은 각자 제 갈 길을 찾아가고 황혼의 길목에 걸터앉아 먼 산만 쳐다보던 늙은 나그네는 노인복지관이 개관되어 운동 삼아 그곳에 다니게 되었다. 그곳은 다양한 프로그램을 갖추고 있었는데 수필 강좌는 나중에 추가 개설되었다. 마침 남편도 목적하던 일을 마치고 시간 여유가 생겨서 지인의 소개로 수필 쓰기 프로그램에 같이 참석하게 되었다. 그곳에서 글쓰기 선생님을 만난 것은 나로선 천하를 얻은 것 같고 큰 횡재를 한 아주 기분 좋은 일이었다.

우리 연령대에선 누구나 겪은 일이지만 열 살에 해방되고 열여섯에 육이오를 겪으면서 몹시 어렵게 살았었다. 시골에서 태어나 객지에서 중학교, 고등학교 시절 육 년이란 세월을 보내고 나니 그때 나이 스물둘이었다. 학교를 졸업하자마자 결혼 적령기가 되어 혼인을 서두르는 부모님 성화에 신부수업은커녕 기본적인 집안일도 익히지 못한 채 이듬해 시집을 갔다.

신랑이 막내아들인 데다 고시 공부하는 이라서 시댁이 있는 시골에서 신혼살림을 시작했다. 시골에선, 신부는 살림 잘하는 며느리, 부지런히 일 잘하는 동서, 조카들 시중 잘 드는 숙모라야 환영받는다. 난 일하고는 거리가 먼 막내딸로 태어나서 부모와 형제 사랑만 가득 받으며 학교생활만 하다가 시집을 왔으니 시골 생활은 영 빵점이다. 새신부는 잘해 보겠다고 마음먹고 열심히 노력해 보지만, 정신없이 바쁜 농사일과 집안일로 항상 허덕이면서 몸은 지치기만 했다. 세월이 속절없이 흘러가며 늘어만 가는 식구들 뒷바라지에 신문, 잡지 한 번 구경도 못 한 채 나이만 잔뜩 먹은 멍청한 늙은이가 되고 말았다.

하지만 이 할머니는 글쓰기 강의에 푹 빠져서 나이 먹은 것을 망각한 채 글쓰기를 시작했다. 수십 년이 흘러 까마득한 기억의 저편에 희미하게 간직되었던 학창 시절, 작가가 꿈이었던 것을 회상하면서 선생님의 지도하에 수필 쓰기에 도전해 보려 한다. 정성을 다해 곱게 길러주시며 늦둥이라 의미가 있게 살아야 한다는 부모님의 교훈과 오랜 결혼생활을 유지하며 살아온 85년 세월을 참작하고 지금 젊은이들은 상상도 못 할 옛일들을 찾아내서 과거의 장단점을 다듬어 현대의 장점을 보완하면서 글을 쓰겠다. 이제라도 남은 인생을 학창 시절의 꿈을 펼치는 데 온 힘을 다하고 싶다. 너무 늦게 만난 인연이 한이 되지만, 뒤늦게나마 최선을 다해서 지도 선생님에게 누가 되지 않도록 열심히 노력해 보겠다.

마음속 다짐은 하루에도 열두 번도 하지만, 국가적 비상사태인 코로나19 때문에 선생님 수업도 못 듣고, 도서관도 못 가고 집에만 있으려니 답답하기 그지없다. 덧없이 지나가 버린 세월이 아까워 지금 하루하루가 중요한데, 라는 강박적인 조급한 마음에 생병이 날 지경이다. 복지관 문을 열어야 수필 공부도 하고, 탁구도 치고, 무용도 하면서 즐거운 나날을 보내야 좋은 글도 나올 텐데 막연한 기다림이 더욱더 마음을 조급하게 하고 씁쓸하게까지 한다. 하지만 마음을 다시 다듬고 끈기를 가지고 기다려 보련다. 열정적이며 자상하시고 친절하신 선생님의 지도라면, 나이만 먹고 부족한 나도 무엇인가 이룰 수 있다 확신하고, 마음을 좀 더 여유롭고 한가롭게 갖고자 노력하고 있다.

느긋한 마음을 유지하고 생활의 활기를 얻기 위해 운동을 다시 시작했다. 규칙적으로 하루는 등산, 하루는 옥상에서 일광욕, 다음 날은 집에서 좌욕 이렇게 반복하며 실천하니 마음도 개운해지고 몸도 가벼워지는 것 같다. 이 고비를 잘 넘기면 선생님과 만나 즐거운 수필 수업을 받을 날이 곧 다가올 거라고 굳게 믿고 있다. 하지만 기다림이란 너무도 어려운 일이란 걸 실감하면서 오늘 하루도 지내고 있다.

## 집에 대한 애착

4남매를 데리고 지겹게도 이사 다니며 셋방살이를 하다가 남편이 도청에서 군산시청으로 발령이 나서 집을 사서 이사를 하게 되었다. 군산 지리에 대해 아무것도 모르고 그저 지겨운 셋방살이를 면한다는 기쁜 마음에 복덕방 아저씨 말만 믿고 산 집은 지대가 높아 가파르게 많이 올라가고, 교통도 불편해서 살림하면서 어려움이 많았다.

이사 올 때 큰애가 중학교 추첨하는 초등학교 6학년 말이라 전주에 두고 데려오지 못해서 두 집 살림이 되었는데, 첫 번째 집에서는 몇 년이 지나도 사는 것이 불편하고 발전이 없었다. 그래서 물 좋고, 산 좋고, 경치 좋은, 양택지보다 무조건 교통 좋은 곳으로 집을 골라 이사하기로 했다. 물색 중에 볼품은 없는 상가 2층 건물이 있어 그곳으로 이사를 하게 되었다. 우리에게 그 집이 운이 맞았는지 이사 온 지 얼마 안 되어 남편은 사무관으로 승진하게 되었다.

남편은 전북대학교 법정대학을 졸업하고 고시 공부를 하는 중에 나와 결혼하여 4남매를 두고서야 경제적인 이유로 뒤늦게 고시를 포기하고 공무원 생활을 시작했다. 학연, 지연 등 인간관계가 극심하여 타향 사람은 능력이 있어도 배척되고 소외되는지 몇 년이 지나도 승진이 아니 되더니, 타지방에서 오신 시장님께서 남편 실력을 인정하여 사무관으로 승진시키셨다. 이것이 모두 이사한 집 덕분으로만 생각되었다.

또한 큰딸과 작은딸이 대학 진학할 때도 장학생으로 합격하였다. 전주에서 군산으로 이사 와서 처음 살던 예전 집에서 사는 동안은 아무리 고내해도 좋은 소식이 없었는데, 이사 와서는 좋은 일만 생기니 이사 온 집의 덕이라 생각되지 않을 수 없었다.

남들이 보기에는 볼품없는 집이라고 핀잔을 놓으면서 왜 그런 집에서 사느냐고 하지만, 우리에겐 교통 좋고 좋은 일이 많았던 아늑한 집이다. 살기 편리한 아파트가 좋은 줄은 알지만, 공무원의 쥐꼬리만 한 월급으로 두 집 살림하면서 아이들 가르치기에는 힘이 들기에 아래층은 세를 내주고 위층의 좁은 방에서 생활하였다. 2층의 도로변 상가주택이 내 형편에는 안성맞춤이었다. 가장 편안하고 적합한 안식처였던 그곳에서 어려운 일 없이 식구들 건강하기만을 바라는 마음으로 열심히 살았다.

부모가 도로변 좁은 방에서 어렵게 사는 사정을 알았는지 큰딸과 작은딸은 졸업과 동시에 직장을 가지게 되었다. 큰아들과 작은아들도 누나들처럼 졸업하고 바로 취업하였다.

세월은 흘러 남편은 정년퇴임을 했고, 마침 바로 옆집이 매물로 나와 구입하고 3층 집을 건축하기로 했다. 건축은 친정집 조카가 맡았는데, 건설업자로 명성이 높은 조카는 고모님 집을 아주 튼튼하게 지어주겠다고 고군분투했다. 집 건축 현장을 본 이웃 주민들은 철근이며 시멘트, 모래 등 자재를 아끼지 않고 퍼붓듯 많이 써서 튼튼하게 잘 지은 집이라고 다들 칭찬하였다.

좁은 방에서 해방은 되었지만, 집 짓느라고 경제적으로 풍족하지는 못했다. 남편은 공부하는 병이 다시 도져 고시보다 더 어렵다는 공인중개사 시험을 본다고 도서관에 다니더니 86세 전국 최고령에 공인중개사 자격증을 취득했다. "새로이 건축된 집은 더 운이 좋은가 봐. 밤늦게까지 열심히 고시 공부했어도 시험에 합격 못 해서 사무관이 된 후에야 고시 공부했던 모든 책을 다 버렸었잖아." 새 건물에서 시험 운이 터져 합격한 것을 보면 새집이 더 좋은가 싶다. 집을 새로 짓고 좋은 일들만 생겨 세월이 갈수록 더 애착이 생긴다.

또한 건물 옥상에 작은 텃밭을 만들어 무공해 채소를 가꾸어 먹고, 하루에도 몇 번씩 오르내리며 계속 운동이 되니 식사를 잘하고, 건강도 좋아진다. 늙은 우리는 큰 소리로 텔레비전을 틀어놓을 수 있어 자유로이 살기에 적당하고 정이 들어 집에 대한 애착이 더 가는데, 점점 나이가 드는 것이 아쉽다. 가까이에 자식들이 살고 있지 않아서 앞으로 정든 이 집을 어떻게 하면 좋을지 현명한 생각이 떠오르지 않는다.

# 고추장

가정주부로서 수많은 세월을 매년 고추장을 담그고 살아왔지만 올해 같은 어려운 시기는 처음 있는 일이다.

고추를 갈무리하여 방아를 찧으러 갔더니 고추가 눅눅해서 안 되겠다고 바짝 말려서 가져오라고 했다. 집으로 가져와 말리다 미루어진 것이 예고도 없이 불어 닥친 코로나19 전염병 때문에 외출을 못 하여 이날저날 날만 받다가 한 달이 훌쩍 넘어 버렸다. 이제는 안 되겠다는 생각이 들어 집에 있는 재료를 찾아서 밖에 나가지 않고 고추장을 담그는 방법만을 물색하게 되었다.

김장하고 남은 고춧가루를 체에 걸러서 간신히 고추장을 만드는 가는 고춧가루를 만들어 놓았다. 찹쌀 역시 방앗간에 갈 것 없이 죽 쑤듯이 밥을 해서 엿기름에 삭혔다. 친구 사위가 엿기름 공장을 한다고 많이 주어서 그동안 식혜를 해 먹고 남은 것이 있다. 또 메주는 마침 간장을 담근 지 20일이 되었는데, 그 메주를 건져서 믹서에 갈아 넣기로 하니 얼추 재료 준비는 끝이 났다. 많이 늦어지기는 했지만, 재료를 사러 시장에 가지 않고, 방앗간에 들르지 않고, 바깥출입 없이 코로나19 수칙을 지키면서 어렵게 고추장을 담그게 되었다.

고추장을 담그는 방법은 재료나 지방에 따라 다양하게 발달했다고 한다. 재료에 따라서 보리고추장, 수수고추장, 무거리고추장, 약고추장, 팥고추장, 고구마고추장 등이 있다. 보리고추장은 주로 충청도, 고구마고추장은 화전민들이 담가 먹었다는 것을 보면 지역마다 흔하게 생산되는 재료를 이용하여 각각 독특한 고추장을 만들어 먹었던 조상들의 슬기가 엿보인다.

요즈음은 지역과 관련 없이 대부분 찹쌀고추장을 많이 담근다. 오래전에 내가 담근 방법은 찹쌀을 물에 오래 불렸다가 술밥을 찌듯 쪄서 했다. 인절미 만들듯 쳐야 해서 너무도 힘들고 어려웠지만 1년 이상 온 가족이 먹는 건강한 먹거리를 준비한다는 마음과 정성으로 담갔다.

고추장의 매운맛을 내는 주재료인 고춧가루는 굵은 것보다는 가는 것을 써야 한다. 보기에 투박한 굵은 고춧가루는 음식의 맛을 칼칼하게 하며 매운맛을 더 내겠지만, 곱고 가는 것은 붉은색을 곱게 내어 정갈하고 고급스러운 색감을 내고 고추장을 담그는 동안 덜 뭉쳐지는 것 같다. 고춧가루가 굵기에 따라 용도가 다르듯이 사람도 다 각자 개성에 맞게 하고 싶은 일을 선택한다면 사람들이 지금보다는 더 행복한 삶들을 살지 않을까? 성격에도 맞지 않는, 남들이 좋다고 하는 직업만을 선택하도록 강요하는 사회에서 자신의 성격대로 살아야 할 용기가 필요하다.

고추장의 단맛은 설탕이 아닌, 엿기름을 사용한다. 삼베 망을 치대면서 엿기름을 우려내고 이전처럼 찹쌀가루가 아닌 찹쌀죽을 엿기름에 5시간을 삭히고, 삭힌 엿기름물을 불에 올리고 끓인다. 바닥에 붙지 않도록 계속 나무 주걱을 이용하여 저어주면서 한편으로는 불 조절을 한다. 불을 너무 강하게 하면 끓어 넘치고 너무 약하면 제대로 된 맛을 낼 수가 없다. 또한 나무 주걱을 든 손을 바쁘게 움직이지 않으면 낭패를 보니 세심한 정성과 인내가 필요하다. 아마도 자식을 키우는 정성이 이랬지 싶다. 넘치지도 모자라지도 않게 정을 주어야 하고 때에 맞게 교육해야 했다. 이런 정성과 인내가 있었기에 지금의 행복이 이루어졌으리라.

끓여서 식은 후에 고춧가루와 메줏가루를 넣고 계속 저어주며 소금으로 간을 한다. 팔은 끊어질 듯이 아프지만, 가루들이 뭉치지 않도록 개별적으로 조금씩 조금씩 계속 넣으면서 큰 나무 주걱으로 더 큰 원을 반복하여 그리며 섞는다. 고추장 담그기 마지막 단계라 너무 지쳐 힘들지만, 완벽한 고추장을 위해서는 정성을 더 쏟아야만 한다. 특히 소금은 한 번에 많이 넣으면 골고루 잘 섞이지도 않아 간을 맞추기가 힘들고 색이 고운 붉은 색이 아닌 검은 색이 되는 것 같다. 집식구들이 모두 간을 보고 짠맛이 적당해지면 3일간 숙성시켜 모든 재료가 서로 어울려지는 시간을 거친다. 색이 더 고와진 고추장을 항아리에 넣는다.

단지를 2~3개월 이상 햇볕이 들고 서늘한 곳에 실온에서 보관하며 기다림의 시간을 견딘다. 매콤하고, 달콤하며, 짭짤한 3가지 맛이 적절히 조화되어 맛난 고추장이 되려면 발효가 되어 숙성의 기간이 지나야만 하는 것이다. 항아리 속에서 바람과 햇볕과 이슬을 만나 자신의 것을 지키면서 조화를 이루어야만 한다. 메주와 찹쌀과 고춧가루는 사라지고 맛만 남아 새로운 고추장으로 탄생해야 한다.

우리 음식의 기초가 되는 고추장, 된장, 간장 담그기는 빨리빨리, 대충 등이 통하지 않는 인내와 정성, 시간이 필요한 우리 삶 같다. 재료 준비부터 삭히기, 여과하기, 끓이기, 골고루 섞기, 발효시키기, 숙성하는지 살피기 등 오랜 시간 동안 세심하게 관심을 가지고, 정성을 들이고, 지켜봐야 하는 기다림을 필요로 한다.

우리 인생도 그렇다. 주변의 어떠한 환경과 상황을 만나더라도 자신을 잃지 않고 타협점을 찾아 조화를 이룬다면 더 성숙한 인간으로 거듭나게 될 것이다.

그런데 뭐가 문제인지 다른 때와 똑같이 3일간 숙성시키고 간을 잘 맞추어서 항아리에 부어 놓았는데 넘칠 것도 같고 이상한 느낌이 든다. 모든 것은 때를 잘 맞추어야 하는데 코로나19 때문에 늦어진 것이 원인인 것 같다. 옛날 어머님께서 말씀하시기를 음력 정월달은 상달이라 하여 간장, 된장, 고추장을 정월달에 담그면 변동이 없는 거라고 하시던 것이 생각난다. 매해 담는 고추장이지만 올해 시기가 좀 늦어졌다고 이리 묽은 죽처럼 만들어진 것을 보면서 무슨 일이든 지마다 가장 적당한 시기를 놓치지 말고 잘 맞추어야 하는 진리를 다시금 깨닫게 된다.

문명의 발달로 전화만 하면 모든 재료가 신속 정확하게 배달되고, 지구온난화 현상 때문에 겨울도 별로 춥지도 않은 지금 시기에 정월 상달 찾을 것 없이 편리하게 살고 싶지만, 바른 먹거리에 대한 관념 때문에 나는 아직도 옛날 방식만을 고집한다. 사랑은 내리사랑이라고 내 자식들과 친척 조카들이 오면 힘들겠지만 사서 먹는 음식보다는 될 수 있으면 집에서 밥을 해먹이고, 건강을 위한 무공해 전통 식품을 권장해야겠다.

늘그막에 옥상에다 간장 단지, 된장 단지, 고추장 단지 나란히 세워 놓고 들여다보는 재미가 쏠쏠하다. 매일 옥상에 올라가 단지 뚜껑을 열어 놓는 아침 운동이 건강을 위한 발판인 것 같기도 하다. 된장, 간장과 고추장 맛이 깊고 변하지 않기를 희망하며 기다리면서.

# 2부

# 살다 보면<br>이런 일 저런 일

# 나의 어머니

우리 어머니는 태어난 지 3년 만에 어머니를 여의셨다고 한다. 세 살 먹은 어린아이는 이유식, 걷기, 말하기를 시작할 무렵인데 참으로 어려운 시기에 어머니를 저세상으로 보내고 얼마나 험한 삶이었을까 생각하니 너무도 불쌍한 우리 엄마다. 억겁의 세월, 수만 번 윤회 인연을 거쳐 엄마와 자식으로 만나 한창 말귀 알아듣고 예쁜 짓을 하며 엄마와 막 감정이입을 배우는 단계에서 어여쁘기만 한 사랑하는 딸을 두고 편안히 눈을 못 감았을 외할머니도 코끝이 찡하도록 안타깝다.

왜소한 몸매와 아주 작은 키만 보아도, 자라온 삶이 얼마나 어려웠는지 증명이 된다. 엄마의 새어머니는 5남매를 낳았는데, 우리 어머니가 그 이복형제들을 모두 업어서 키웠다고 한다. 그 보람인지 어머니 형제간은 우애가 돈독하였고 어머니를 잘 섬겼다. 어렸을 때 기억이지만, 이모할머니 등 어머니의 친·외가 식구들이 다니러 왔을 때 본 기억으로는 그렇게 키 작은 사람은 기억에 없다. 고로 어머니의 고단했던 삶을 엿볼 수가 있다.

어버이날이 다가오니 불쌍한 우리 어머니가 생각나서 마음이 무겁고 허무하다. 우리 어머니도 5남매를 두었는데 세월은 흘러 큰아들이 장가갈 나이가 되어 선을 보러 규수의 키가 큰 것을 보고 다른 것은 볼 것도 없이 무조건 승낙했다고 한다. 자식의 배우자 선택에 있어서는 서로의 인격과 취미와 개성의 조화를 먼저 생각해야 하고, 큰아들의 장래와 특히 미래 집안에 미칠 영향도 생각해야 하거늘, 어머니는 작은 키가 얼마나 상처가 되었으면 며느릿감을 보러 가서 키만 보고 결정했을까? 그런 마음으로 평생을 사셨을 어머니를 생각하니 마음이 더 아프다.

어머니가 42세에 큰아들이 장가를 갔다. 공교롭게도 마침 그때 아이를 갖게 되어 갓 시집온 새며느리에게 부끄럽고 미안한 마음에 스트레스를 많이 받았단다. 어머니 성격에 남들에게 피해 주는 것이 죽기보다 더 어려웠을 텐데 오죽했을까? 아이를 낳았는데 젖이 나오지 않아 먹지 못하는 아기는 계속 울고 몸조리도 못 한 고령의 산모는 하루하루를 견뎌내기가 너무 어려웠다. 그 옛날엔 우유도 없고 미음죽을 쑤어서 먹여도 먹지를 않고 울어 대기만 하는 아이를 바라보는 엄마의 심정을 상상만 해도 가슴 저 아래에서 슬픔이 밀려온다.

자신의 살이라도 베어서 먹이고 싶었을 어미의 심정도 모르고 빈 젖에 배고프다고 막무가내로 울어대기만 했던 고집쟁이 막내가 바로 나다. 어미가 되어 보니 어미 심정을 알게 되었다. 자식에게 아무런 힘도 되어 주지 못하는 것을 알면서 자식이 어려움에 당하면 뭔가 도움 거리가 없나 필사적으로 찾아 헤매는 것이 어미다. 아들 선호사상이 있던 그 시절, 아들도 아닌 딸이 집안에서 쉴 틈 없이 울어 대기만 하니 우리 엄마는 얼마나 피눈물을 흘렸을까?

지금은 과학과 의학이 더 발달하여 신문, 방송, TV, 컴퓨터

등 여러 매체를 통해 임신에 대한 임산부 자신의 마음가짐과 주변 사람들 협조에 대한 좋은 이야기들이 많다. 임신했을 땐 스트레스 받지 말고 아기에 대해 좋은 생각만 할 수 있도록 여러 여건을 마련해야 한다. 새 생명은 부모에게 기쁨과 행복을 주는 가족 구성원이 되기도 하지만 더 넓게는 이 나라를 바르게 짊어지고 나아 갈 새로운 이 나라 일꾼이 될 중대한 임무를 가진 고귀하고 위대한 사람이기도 하다. 임산부는 그러한 중대한 임무를 가진 생명을 수태해서 열 달을 길러내는 책임이 있는 이로 우리 모두 소중히 여기고 보호하고 아껴야 한다. 지하철이나 버스에 임산부석을 마련한 것은 정말 정부에서 잘하는 일이란 생각이다. 그 사실을 인식하지 못하고 다리 쩍 벌리고 턱 앉아 있는 아저씨들이 꼴불견이긴 하지만.

태아 시기와 유아 시절 먹는 것의 영향인지 난 젊은 시절부터 오관이 부실하다. 축농증, 중이염, 치통, 두통을 지금까지 달고 산다. 39세에 틀니를 했고, 축농증 때문에 수술도 했으나 냄새를 못 맡고, 지금은 눈까지 부실하여 안경을 쓰고 있다. 두통은 언제나 있어 힘없이 미장원에 가면 어찌 그리 기

운이 없느냐고 밥 좀 많이 먹어야지 파마를 할 수 있다고 당부를 한다.

태중에 아이를 가질 때부터 먹는 것에 신경을 써야 한다. 예로부터 산모는 예쁘고 좋은 것만 먹으라는 말도 있지만, 태아의 성장에 영향을 미칠 것을 고려해 골고루 먹는 것이 중요하다. 또한 아이가 태어나면 면역력을 길러주는 초유는 꼭 먹이고 엄마 사정이 허락한다면 모유를 먹이면 좋겠다. 우스갯소리로 요즈음 청소년들이 여기저기 들이받고 문제를 일으키는 것이 소젖인 우유를 먹어서 그런다는 말이 노인 된 우리의 측면에서 보면 꼭 맞는 말인 것 같다. 욕심을 더 낸다면 이유식도 만들어서 먹인다면 아이들은 엄마의 정성과 사랑을 직접적으로 느끼게 되며 건강도 확보할 수 있다. 어쩌면 엄마는 희생자인 동시에 창조자이다.

엄마는 막내딸이 안쓰럽고 애처로워 "어린것이 자라 시집가는 것을 내가 보고 죽을 수 있을까?"란 말씀을 자주 하셨다. 늦게 둔 아기가 엄마 없이 자신과 같은 인생을 살게 될까봐 마음에 담아 두신 것 같다. 다행히 어머니는 내가 시집가고 막내를 낳아 기를 때까지 옆에서 항상 나를 염려해 주셨다. 우리 엄마 삶은 힘들고 고달팠지만, 말이 없고 참고 견디고 인내하시고 남을 배려하는 성격으로 인해 말년에는 평화를 얻으실 수 있었던 것 같다.

# 내 친구

그 친구와 나는 초등학교 친구라서 더욱 정이 깊은 것 같다. 같은 마을에서 태어나 긴 세월을 같이했기 때문에 미운 정 고운 정이 아주 깊다. 안 보면 보고 싶고, 보면 더 반가운 내 친구가 다리를 수술한다고 전화를 했다.

친구가 다리가 아프다고 한 지는 오래되었다. 팔십 중턱 나이까지 아픔을 참을 만큼 참다가 오죽하면 더는 견딜 수가 없어서 죽고 사는 문제는 운에 맡기고 병원을 찾은 모양이다. 하필이면 군산 친목계원 하나가 우리 동갑네인데 병원에서 다리 수술하다가 저세상으로 가버린 뒤라서 다리 수술하러 병원에 간다는 소식에 자라 보고 놀란 가슴 솥뚜껑 보고 놀란다고 걱정만 되었다.

병원에 가지 말라고 할 수도 없고 이러지도 저러지도 못하고 부정적인 상상이 떠오를 때마다 마음을 다스리며 결과가 좋기만을 기원하고 있었다. 감사하게도 의료진을 잘 만나서 나이는 상관없이 수술 잘 마치고 두 주일 만에 퇴원했다고 한다.

얼마나 다행한 일인지 얼굴이라도 보고 싶은데 가볼 수가 없다. 친구가 서울에 살 때는 언제든지 마음만 먹으면 찾아갈 수가 있었는데, 경기도로 이사한 뒤로 서로 얼굴 보기가 힘들어졌다. 서울집도 처음에는 아이들이 길을 알려줘서 찾아갈 수가 있었는데, 경기도는 더더욱 지리를 전혀 모르니 엄두가 안 난다. 세월이 흐르면서 나도 서울에 갈 일이 자주 없다 보니, 서로 보고 싶어도 전화로 수다를 떨 수밖에 없다. 우리가 더 나이를 먹으면 전화로 수다 떠는 것도 점점 어려워지고 힘들어질 것이다. 마음 한구석에 자리한 그 친구의 구역은 언제나 존재하나 그것으로 끝이다.

병원에 있을 때 얼굴도 볼 겸 들여다보려 했으나, 코로나 때문에 병원의 문턱은 너무 높다기에 퇴원하기만 학수고대했더니 친구 집으로 찾아가는 일은 더 어려운 일이 되고 말았다. 집 주소를 몰라 전화로 알려 달라고 하니 가르쳐 주지를 않는다. 언젠가 서울 집 주소를 알아내어 항구도시에 사는 친구라고 생선을 고루 사서 보낸 일이 있었는데 그걸 연상하는지 아무리 졸라도 집 주소를 안 알려 준다. 어쩌란 말인가?

삼십여 년 전, 내가 서울대학병원에 입원하고 있을 때 그 친구가 가끔 찾아와서 외롭지 않게 해주던 생각이 난다. 집도한 의사 선생님이 회복이 쉽지 않았을 텐데 빨리 된다고 감탄하던 때가 있었다. 모두 친구 덕이다. 가장 힘들었을 때 지란지교 친구가 찾아와 주었기 때문에 기분전환이 잘되어 병을 이겨 낼 수 있었다. 지금 회상해 보면 그 시절 친구는 일인다역으로 24시간이 모자라는 바쁜 생활이었고, 그 와중에 시간을 쪼개어 나를 보러 자주 와주었다. 나는 그 친구가 이 나이에 사경을 헤매는데 어떻게 보답할 길이 없으니 내가 생병이 날 지경이다. 코로나19라도 없다면 자유롭게 어떻게든 찾아가 볼 수라도 있을 텐데. 늙은이가 자유롭게 돌아다닐 수도 없으니.

주변 몇몇 사람 전화번호를 수소문해서 이곳저곳 아는 친구들에게 연락을 해봐도 내 친구 집 주소를 아는 사람은 아무도 없다. 아이들에게 상의하면 어떤 방법이 있을 법도 하다. 하지만 코로나19 같은 비상시에 각자 살아가느라 신경 쓸 일도 많을 것인데 도움 되는 일은 못 할망정 신경 쓰이는 일은 하고 싶지 않은 어미 마음인지라 아픈 친구 얼굴을 볼 어떤 방법이 없을까 막연한 공상의 나래만 펴고 있다.

'친구야! 날씨도 더워지는데 수술 자리 덧나지 않게 몸조리 잘하면서 언젠가 얼굴 보며 웃을 수 있는 더 좋은 시간이 우리에게 주어질 것이라고 기대하며 오늘도 전화로만 안부 전하며 건강을 회복하기를 기원한다. 수술 경과가 좋다니 더 건강해져서 다리 아프다는 소리 안 하고 우리 꼭 얼굴 보며 대화하자.'

# 외손녀와 마스크

작년 겨울철에 들이닥친 코로나19는 이제나 끝이 날까, 저제나 끝이 날까, 기다리다 지쳐서 숨이 막힐 지경인데 봄철이 지나고 여름철이 다가오더니 지루한 장마마저 가세하여 목을 더 조이고 있다.

삶이란 인간의 힘으로는 어떻게 할 수 없는 일임에는 틀림이 없는 것 같다. 복지관이란 문화센터에서 자기 적성에 맞는 취미 생활을 시작하고 자고 나면 갈 곳이 있는 규칙적인 생활을 하다가 어느 날 갑자기 발이 묶였으니 나를 포함한 그 많은 노인네들을 어이할꼬?

하루 세 번 끼니는 왜 그렇게도 빨리 돌아오는지 집에서 오롯이 3식이 노릇하기도 무척 힘이 드는 나날들이다. 운동 삼아 다니던 복지관 쉼터에서 점심까지 저렴하게 자유로이 사 먹던 때가 그리운 이 시점에 하루는 택배가 왔다. 집 주소는 우리 집인데 옛날에 우리 집에 세 살았던 애드피아라는 가게 주소가 있기에 그 집으로 전화를 했더니 거래처에서 왔나 하면서 가져갔다.

나중에 알고 보니 택배는 외손녀가 우리 내외에게 보낸 것이다. 외손녀는 레지던트 3년 차를 하고 있다. 이 어려운 시기에 환자들을 돌보느라 고생하는 와중에 할아버지 할머니를 생각하고 코로나19에 필요한 마스크를 사서 보낸 것이다. 문화의 발달로 택배를 보낼 때 인터넷으로만 소통하여 옛집 주소를 사용해서 검색하다 보니 이런 일이 생긴 것이다.

그 귀한 선물을 받고 우리 내외는 감동의 눈물까지 흘렸다. 세상에 태어나서 처음으로 느끼는 기쁨이라고나 할까, 아주 묘한 감정으로 표현하기 어려운 몇 개월 동안 갇혀서는 답답한 기다림에 지쳤던 마음이 확 트이는 느낌이라고나 할까? 아주 기분 좋은 묘한 느낌이었다.

외국에서 태어나 다섯 살에야 처음 만난 이 녀석은 어려서부터 어른을 잘 따르고 사람을 기분 좋게 하는 재주가 있었다. 어느 날인가 전화가 왔다. 외손녀의 친할머니가 전하는 손녀 자랑이었다. 이제 겨우 여섯 살 먹은 녀석이 전화를 받으면 먼저 할머니 안부부터 묻고 '할아버지께서는 좀 어떠세요?' 하고 아픈 할아버지까지 챙긴다면서 어린 것이 어떻게 그런 생각을 하는지 모르겠다고 칭찬하던 생각이 난다.

애들은 엄마 아빠가 하는 것을 보고 배운다. 아마도 엄마가 전화 받는 것을 보고 배운 것이겠지. 사위 역시 색시 생일 때 자기들끼리 기념하지 않고 매년 우리를 찾아와서 색시를 낳아주셔서 고맙다는 인사를 한다. 함께 가까운 곳을 드라이브하고 같이 식사도 하며 즐겁게 지낸다. 올해는 코로나19라고 음식을 준비해서 가지고 와서 같이 기념하며 시간을 보내더니. 손녀가 부모에게 보고 배운 것이다

할머니는 절약하느라 마스크를 오래 계속 쓸 것 같다고 한 번 쓰면 버리라고 당부하면서 손녀는 여러 가지 코로나에 대한 유익한 이야기를 전한다. 아마도 저는 학생 때는 어려운 공부를 하느라고 힘들었고, 지금은 코로나로 병원에서 더 고

생하고 있을 것이다. 태어나서 인턴 생활을 할 때까지 집을 한 번도 떠나 본 적 없이 부모가 끼고 살았는데 물설고 낯선 타지에서 레지던트 과정을 하니 얼마나 힘들겠는가? 지금은 코로나 사태로 병원 생활이 더 어려울 텐데 고생을 하면서도 어렵다고 내색 한번 안 하고 견디어 내는 것을 보면 장하다 우리 손녀.

요즘 아이들은 옛날과 달라서 하나나 둘 낳아서 큰 보물단지처럼 우대해서 키우기 때문인지 자기만 알고 자기만 위해주어야 좋아하는 세상인데, 이런 착한 아이가 우리에게 안기게 되었으니 우리 복이다. 우리 손녀 건강을 빌며 할머니가 항상 응원한다.

# 경자년

코로나19 사태가 지나가기만 기다리는 것도 이젠 지쳐 버렸다. 이제까지 살면서 겪어 온 바로는 전염병은 시간이 좀 지나면 사라지던데, 이번 전염병은 겨울에 발생하여 봄이 지나고 여름이 눈앞에 왔는데도 사라지지 않으니 걱정스러운 일이다.

옛날 어른들께서 하시던 말씀이 생각난다. "윤년이 드는 해는 시끄러우니까 대비를 해야 한다." 하셨다. 우리 큰딸애가 경자년에 태어났는데 윤달이 있던 그해에는 비가 안 와서 천수답을 가진 농부들은 애가 탔었다. 5월경에 모를 심어야 하는데 비가 6월 25일에야 내려서 논일 밭일을 할 수 있었다.

하필이면 그렇게 기다리고 기다리던 비가 오던 날 나는 아이를 낳았다. 우리 논밭 일은 누가 하며 산후조리는 어떻게 해야 할지 일손이 부족하고 막막했던 그때 일을 생각하면 지금도 머리가 지끈거린다. 그렇게 오랫동안 기다려 어렵게 비를 만나 논에는 모를 심고 밭에는 씨를 뿌려 놓았는데 하늘은 무심하게도 그 후로 다시 비가 오지 않아 그해 아주 심한 흉년이 들고 말았다.

그해에 낳은 딸이 올해 경자년 61세 회갑이다. 과거에는 지금처럼 의학이 발달하지 않아 질병을 예측하고 치료하기가 어려웠고, 배고픔을 못 이겨 사망하는 경우가 많았다. 그런 이유로 십간과 십이지의 조합인 육십갑자가 한 바퀴 돌아서 음력 간지가 다시 시작한다는 의미에서 환갑, 60이라는 숫자는 장수의 의미였다. 지금은 100세 시대를 넘어 그 이상의 수명까지 기대할 수 있는 시대이기에 우리의 전통문화인 환갑잔치는 챙기지 않지만, 회갑에 식구끼리 간단한 여행도 못 가고, 형제간에 만나서 함께하는 식사도 꺼려진다. 코로나19로 인해 별스러운 삶을 사는 것 같은 생각이 든다.

윤달이 든 경자년이라 그런지 나에게도 걱정이 생겼다. 텃밭을 가꾸고 있는 옥상에서 비둘기들과 전쟁이다. 처음엔 텃밭 채소들 사이에서 무언가를 주워 먹고 다니기에 벌레를 잡아먹나 하고 좋아했더니 그게 아니고 새싹이며 양배추 속까지 빼먹는다. 심지어는 마른 고추를 내다 널었더니 옆에 사람이 있는데도 입에 물고 정신없이 날아가 버린다. 마치 동네 비둘기들이 모두 모여서 우리 집에서 파티하자고 약속이나 한 듯하다. 먹고살기 위해서 생명체가 하는 일이지만 이건 너무한 것 같다. 온 힘을 다해서 가꾸어 놓은 채소를 송두리째 가져가면 어쩌란 말인가? 넓은 땅 다 놓아두고 옥상 좁은 공간에 내가 조금 가꾸어 놓은 것을 탐내다니 이것은 보통 사건 아니다.

새싹을 보호하기 위해 남들이 하는 것처럼 그물도 사용해 보았으나 효과가 없다. 비둘기는 어디에서 날아올까 살펴보다 놀라운 것을 발견했다. 바로 옆 건물 창문턱마다 비둘기 집이 있는 것이다. 비둘기는 일 년에 2회 정도 번식하며 한배에 2란을 낳아 15~16일간 암수 교대로 알을 품는단다. 주변 환경이 좋으면 1년에 4번에서 6번까지 알을 낳기도 한다니

물과 채소가 있는 우리 집처럼 환경이 좋은 곳이 어디 있겠는가? 성장도 매우 빨라서 갓 태어난 새끼가 34~36시간 만에 몸무게를 두 배로 늘리고, 4~6주가 지나면 거의 다 자라 독립을 한단다. 구구거리며 연락을 해서 우리 집으로 모인 것이 아니고, 바로 우리 집 옥상이 어려서부터 자기들 식량창고였다.

'사랑'과 '평화'의 상징이던 비둘기가 나에게는 아주 골칫덩이가 되었다. 인터넷을 찾아보니 비둘기의 배설물은 도시 미관에도 좋지 않고, 건물이나 유적지 등 기타 시설물 자재를 부식시키며 또한 공기 중에 날리게 되면 호흡기 질환을 일으키는 각종 병균을 사람에게 전파할 수도 있다고 한다. 번식력이 그리 높다는데 옆집 건물로 가서 창문 쪽에서 손이 닿는 일부 비둘기 집이라도 없애버려야 하나 아니면 비둘기도 생명체인데 공생하면서 살아야 하나 어려운 고민을 하고 있다.

경자년 코로나 사태로 세상이 어지러운데 한편으로 비둘기 습격으로 어려움을 겪고 있다. 하지만 우리는 이런 세상 저런 세상 다 겪어 왔기에 잘 극복할 수 있다고 희망을 품어 본다.

# 기다림

나는 직장이 없는 고시생을 만나 결혼하여 60여 년 세월 동안 매번 기다림으로 점철된 삶을 살아왔다. 기다린다는 것은 어떠한 목적을 위하여 고진감래를 무릅쓰는 것이 아닌가 싶다.

코로나19가 작년 겨울에 발생하여 감기와 같은 증세라기에 따뜻해지는 봄이 오면 물러나려니 하고 봄만 기다렸다. 봄이 지나 여름이 왔어도 환자는 늘어만 가고 의료진들은 피땀을 흘려가며 고생을 하는데, 말복도 가을 문턱을 넘겼는데도 아무런 변화가 없다. 계절이 지나기만 기다렸는데 보람도 없이 최초 발생 시기인 겨울이 다가오면 코로나 상황이 어찌 변할지 걱정이 앞선다.

지구 온난화 현상으로 지금은 우리나라 사계절도 조금씩 변하는 것 같다. 자연환경과 더불어 모든 것이 급속도로 확확 달라지는 세상은 온갖 풍상을 다 겪은 늙은이지만 적응하기가 너무도 어렵다. 전쟁이나 배고픔 등 어려운 경험 없이 자란 젊은이들도 코로나19를 참고 견디며 지나가기를 기다린다는 것이 힘들긴 마찬가지일 것이다.

고시생이었던 신랑은 매년 시험에 떨어지고 식구는 늘어만 가고 아이들은 자라서 학교에 갈 나이가 되어 가는데 살길이 막막해서 기다림에 지친 나는 지금은 9급이지만 당시에 5급 공무원 시험을 보아 우선 밥벌이를 하면서 공부하라고 부탁을 했다. 공부하던 사람인지라 다행히도 쉽게 합격하여 생계를 유지하면서 열심히 고시 공부를 했지만, 업무에 얽매인 이유인지 계속 실패했다.

세월이 흘러 공무원 생활을 열심히 했는지 남들보다 먼저 사무관이 되었다. 발령장 하나로 이곳저곳 셋방살이 이사할 때마다 가장 소중하게 이고 지고 다녔던 무겁고 무거운 고시 책들이 무용지물이 되어 독서실 하는 친척 집에 트럭으로 실려 가 버렸다. 책 한 권 살 때마다 생활비를 아껴가며 수십 년을 피땀 흘려 모았던 것들인데, 정든 책들이 태산처럼 무거운 짐 덩어리가 되어 떠나는 것을 보니 시원하고도 섭섭했다. 고시라는 꿈을 이루기 위해 기약도 없이 기다리며 참고 견딘 날들이 아쉽기도 하지만 천만다행인 결과로 끝이 났다. 이제까지 고시에만 매달렸더라면 우리는 지금 어찌되었을까. 순간의 선택이 일생을 좌우한다더니 그 말이 맞는 것 같다.

직장이 끝난 후 밤에 고시 공부를 하니 신랑은 거의 매일 저녁 12시에 집에 들어왔다. 옛날 대문은 나무로 되어서 밀고 닫는 구조로 초인종을 누르거나 문을 두드리면 사람이 나가서 문을 열어주어야만 했다. 초인종 소리에 행여나 주인집에 피해를 줄까 봐, 곤히 잠든 아이들이 깰까 봐, 밤 12시 가까워지면 조용히 나가서 문을 열어 놓고 기다렸다. 아이들과 집안일에 치여 아무리 힘들어도 신랑이 들어올 때까지 잠을 안 자고 기다리는 것이 습관이 되어 지금도 밤늦게까지 잠이 오지 않는다.

고시로 승부는 못 했지만 그래도 사무관으로 정년퇴임을

하게 되어 기약 없는 기다림은 사라졌다고 생각했다. 공부한다고 신혼 시절도 없이 절에 가 있었고, 이후 경제적인 문제로 도시락 가지고 재실로 다니면서 밤에나 돌아오고, 직장생활할 때도 아침 8시에 출근하면 저녁 12시까지 신랑 얼굴을 볼 수가 없었다. 이젠 남편과 오순도순 집안 대소사를 상의하며 사는 날이 되겠거니 기대했더니 고시보다도 어렵다는 공인중개사 시험을 본다고 하니 기다림의 생활은 또다시 시작되었다.

직장생활을 할 때 수험생인 남편 뒷바라지는 그래도 양반이었다. 출근 시간 아침 8시, 퇴근 시간 밤 12시 딱 정해 있기에 쉬웠고, 무엇보다 젊은 시절의 기다림이었기에 초조함도 덜했다. 그런데 정년하고 도서관만 다니는 수험생의 뒷바라지는 참 어려웠다. 나이는 계속 들어가고 실패의 경험만 늘어가고 그래도 기다림이 내 팔자려니 하며 참고 견디다 보니 전국 최고령의 나이로 합격이라는 결과가 왔다.

이제 기약 없는 기다림도 사라지고 낮에도 남편이 있으니 복지관에 다니면서 건강도 지키고 취미생활을 하고자 마음

먹었다. 그곳에서 학창 시절부터 관심 있었던 글쓰기를 알게 되어 물고기가 물을 만난 듯 한없이 기뻤다. 글쓰기를 잘 배워 좋은 글을 많이 쓰고 싶다는 생각을 가졌다. 그러나 물러나지 않는 코로나19 때문에 복지관도 못 가는 상황이 되었으니 내 생애는 기다림이란 세 글자가 계속 따라다니는 숙명인 것 같다. 하지만 한편으로는 기다림이란 끈이 삶을 연장하게 하는 원동력이 된 것 같기도 하다.

# 가족 계획

남녀 두 사람이 한 가정을 이루어 세월이 흐르다 보니 4남매 엄마 아빠가 되어 여섯 식구로 구성된 한가족이 되었다. 자식들이 각자 시집 장가를 가니 이젠 다섯 집이 되고 식구들이 19명이나 되는 가족이다.

내가 가족을 이루던 당시 우리 연령대에서는 아들을 낳아야 그 집안의 대를 잇는다는 사상 때문에 딸만 낳으면 아들을 기다리며 얻을 때까지 아이를 계속 낳기 때문에 열 명 이상 자식도 두는 가정도 많았다. 언젠가 큰아이가 "엄마, 난 형제가 적은 편이야. 내 친구들은 거의 7명이나 8명이고, 12명인 친구도 있어." 라고 말한 적도 있다. 나도 딸 둘을 낳고 아들을 낳지 않았다면 계속 낳았을까?

누구라 할 것 없이 모두 아들 선호 사상이 너무 강해서 계속 아들을 얻을 때까지 낳다 보니 인구는 많아지고, 먹고살 자원은 부족하여 생존 경쟁이 날로 심해지기만 했다. 정부에서는 가족계획 정책을 추진하여 각 마을마다 가족계획 요원을 배치하여 산아 제한을 강조하고 날이면 날마다 마을에 출근하여 가족계획의 필요성을 역설하며 피임 도구 사용법도 안내하고 이에 대한 책자를 무료로 배포했다.

"아들딸 구별 말고 둘만 낳아 잘 기르자."라는 표어를 선창하고 자식이 둘인 집에는 세제 혜택도 주고 예비군 훈련 간 아저씨 중 원하는 사람들에게는 정관수술도 무료로 실시했었다. 하지만 이러한 정부 정책들이 별 성과가 없어 오죽하면 한 집 건너 하나만 낳자는 구호도 있었다.

사람이 한 치 앞을 내다볼 수 없다더니 그럭저럭 흘러가 버린 세월의 탓인가, 정부의 탓인가, 산아 제한해야만 우리나라가 살아남을 수 있다고 주장하던 때가 엊그제만 같은데 이제는 아이를 더 낳기 운동이라니. 정부는 해야 할 일도 많을 터인데 아이 낳는 문제까지도 다시 신경을 써야 한다.

한동안 "자식은 하나만 낳아서 잘 기르자." 구호처럼 하나만 낳아서 기르는 가정들이 많더니 이제는 하나도 필요 없다며 아이 없이 가정을 꾸리는 가구들이 많아져 우리나라 출산율이 아주 낮단다. 지금은 자식을 셋 이상 가진 가족들에게는 주택도 우선으로 주어지고, 세금 혜택도 있으며 셋째의 출산비는 물론이고 지원금도 주어야 한다니 얼마나 더 많은 세금을 내야 할지 걱정이다.

아이를 낳지 않아 학생 수가 계속 줄어들다 보니 초등학교가 문을 닫고 쓸쓸하고 황폐한 폐허로 변했다는 소식을 접하게 된다. 노령화로 변화된 농촌 문제로만 생각했는데, 도시 한복판 군산초등학교도 폐교가 되었다. 졸업생들은 육 년이란 세월을 자라면서 다니던 모교가 후배들이 뛰어노는 모습은 보이지 않고 냉기만 흐르고 있는 모습을 봤을 때 마음이 얼마나 안타깝고 참담할까? 학부모 입장인데도 건물을 지나다 보면 우리 아이들이 다녔던 곳이라서 관심 있게 보고 또 보고 했는데, 비어 있는 건물은 보기도 싫어서 그 옆을 지날 일이 있어도 돌아가곤 한다.

세상 살기 힘든 시절임은 틀림이 없는 사실이다. 이 어려운 시기에 자식들이 시집 장가 순조롭게 가주고 손주들을 낳아 주어 다행이다. 큰딸은 딸만 둘이고, 큰아들은 아들만 둘이다. 부모 입장은 불공평한 현상이다. 작은딸은 아들 하나 딸 둘, 작은아들은 아들과 딸이 있다. 작은딸은 아이를 셋 둔 동기가 있다. 92년도 김대중 대통령이 대선에서 떨어지고 "우리가 매번 선거에서 실패하는 이유는 인구가 적어서 그런다. 고로 아이 낳기 운동을 하자." 해서 이미 아들과 딸을 둔 작은딸은 아이를 더 낳아서 자식이 세 명이 되었다.

갈수록 태산이라더니 이제 젊은이들이 시집 장가도 가지 않으려고 한다니 이 일을 어이할꼬. 자식을 낳기는커녕 시집 장가조차 안 가려고 하니 이제는 아이 더 낳기보다는 시집 장가들이기 운동을 벌여야 하는 판이다. 우리 집만 해도 그렇다. 손주가 아홉이고 두 사위가 환갑 진갑이 지났는데도 시집 장가간 녀석이 하나도 없다. 지금은 혼자 밥 먹고 혼자 술 먹는 혼밥과 혼술이 유행이며 혼자 사는 가구를 위한 오피스텔도 많이 건설되고 있단다. 사람과 사람이 서로 사랑하고 믿고, 의지하고 더불어 살아야 사람 사는 세상이라고 할 수 있다. 서로가 귀찮아하고 모두 혼자만 살겠다는 생각만 가진다면 우리나라의 미래는 없다.

시대의 변천에 따라 대세였던 아들 선호 사상은 없어지고 자식도 둘에서 하나로, 이제는 자식 없이 가족을 이루는 빙글빙글 빠르게 변해가는 세상인지라 앞으로는 어떠한 세상이 오려는지 걱정이 된다. 세월이 갈수록 더 살기 좋은 세상이 도래할 걸로 기대하지만, 사람으로서 지켜야 할 도리를 각자 잘 지키며 살아갈 때 더 좋은 세상이 올 것이라고 믿고 싶다.

# 성묘

추석이 가까이 다가오니 오빠 생각이 더 간절하다. 무엇이 그렇게도 바빠서 일찍 세상을 떠나셨는지 오빠란 단어만 들어도 마음이 아프다.

오빠 은혜를 생각하면 제사 때만이라도 꼭 참석하고 싶었지만, 직장 생활하는 질부가 신경 쓰고 힘들까 봐, 참석은 못하고 늘 마음으로만 그날을 기리고 지냈었다. 올해 제사에는 산소로 직접 찾아가 참석했다. 오빠의 아들, 딸, 사위. 손자, 손녀, 손자며느리, 손녀사위 모두를 만나고 보니 반갑고 무어라고 표현하기 어려운 묘한 감정이 속에서 울컥 올라왔다. 마음이 슬프면서도 이상하게 정말 기분 좋은 성묘였다.

5남매의 막내인 내가 오빠의 사랑을 제일 많이 받게 된 동기는 유난히 효성이 지극하고 마음이 고운 오빠 심성 때문이다. 어머니께서는 노산이셨고, 며느리와 같은 시기에 아이를 가진 스트레스 때문에 아이를 출산하고도 젖이 한 방울도 나오질 않았단다. 우유도 없는 시절에 암죽이나 쑤어서 먹이면 고집 센 막내인 난 먹질 않고 나오지 않는 젖만 달라 울기만 했단다. 안타까워하는 어머니와 울고 있는 막내를 보면서 심성 고운 오빠는 어떤 심정이었을까?

어느 날 매번 울어대던 아이는 숨을 쉬지 않아 죽었다고 날이 새면 묻어 주려고 새 옷을 만들어 입혀서 윗목에 밀어 놓았는데 날이 밝자 깨어났다. 12살 위인 오빠는 그런 모든 과정을 어머니와 함께 보고 겪었단다. 바쁜 엄마를 대신하여 젖 달라고 울어대면 불쌍해서 업어주고, 지쳐서 칭얼대면 재워주고 키워주신 일등 공신인 우리 오빠가 너무 보고 싶다.

부실하게 자란 나는 언제나 뒤처져 초등학교도 열 살에 입학하고 그나마 학교가 멀어서 더더욱 힘이 들었다. 아버님은 옛날 분이시라 여자가 초등학교면 그만이지 무슨 여학교냐고 진학을 결사반대하셨다. 그때 오빠가 당신 집으로 데려가

육 년이란 세월을 책임지고 부모 역할을 하였으니 그런 형제정이 요즘 세상엔 없을 것 같아 언제나 감사한 마음뿐이다.

언젠가 군산을 방문한 아버님 친구분이 오빠 이야기를 하셨다. 오빠는 어려서부터 신동이었다고. 그분이 우리 집 마당에서 사람들과 일을 하고 있었는데 마침 이웃집에서 떡을 가져왔단다. 세 어린 동생들이 떡을 먹겠다고 울고불고 난리를 치는데 잘 달래면서 "어머님이 오셔서 주시면 먹자. 엄니가 보지도 않았는데 우리가 다 먹어버리면 그 집에서 가져온 보람이 없다."라며 달래는 장면을 본 사람들은 이구동성으로 탄복하며 앞으로 큰인물이 되겠다고 칭찬이 자자했다고도 하셨다. 예전 시골 마을에서는 자동차를 구경하기 힘들었었는데, 오빠가 고위층이 되어 기관에서나 볼 수 있는 자동차를 타고 들락거리며 마을을 빛내 주었다고 하시며 어찌 그리 빨리 돌아가셨냐고 아쉬워하셨다. 그분을 통해 오빠의 어린 시절을 듣고 보니 어릴 때부터 남달랐던 면을 알게 되어 더 존경하는 마음이 생겼다.

한번은 이런 일도 있었다. 군산에서 남편이 사무관이 되어 장수군청으로 발령이 나서 먼저 부임했다. 공교롭게도 군수님이 오빠를 아는 분이었다. 부인들도 장수를 방문해 인사를 해야 한다고 해서 군산의 상징인 생선을 골고루 사서 가지고 갔다. 군수 사모님은 깜짝 놀라면서 군수님이 똑똑한 강 과장님 이야기를 늘 하시더니 동생도 머리가 좋으신가 보다며 칭찬을 해주셨다. 전주에 사셨던 분이 오일장이 서는 장수 산중에서 사느라 불편하겠다는 생각에 신경을 좀 썼더니 정말 마음에 들었는지 오빠 덕분에 영리하다는 소리까지 들었다.

오빠에게는 매번 받기만 한 동생으로 평생을 살았다. 은혜를 갚을 기회도 주지 않고 아쉽게도 이 세상을 빨리 떠나신 오빠! 살아보니 부모님께 효도하고 은혜를 갚으려 하면 이미 부모님은 계시지 않는다는 옛말이 틀린 말이 아니다. 투박하지만 정성과 솜씨를 부려 손으로 털실 옷이라도 만들어 드렸다면, 오빠는 아주 좋아하시며 추울 때마다 따뜻하게 입으셨을 텐데. 지나고 보면 후회만 남는다.

어렸을 때, 만나기만 하면 길지도 않은 머리를 자르라며 매번 용돈을 쥐여 주던 오빠가 오늘따라 더 생각이 난다. 오빠는 잘살고 있는 동생이 그저 예쁘고 대견하기만 했을 것이다. 앞으로 남은 생도 오빠의 바람처럼 잘 살아야겠다고 다짐하면서 오늘도 오빠 생각에 밤잠이 오지 않는다.

# 살다 보면 이런 일 저런 일

세상을 오래 살다 보니 세월에 따라 상황에 따라 가치관이 계속 달라질 뿐만 아니라 같은 상황에서도 상대에 따라서도 마음이 달라진다.

어느 날 나이가 드신 시어른께서 며느리에게 편지 한 장을 써주시면서 "나는 기력이 없어서 못 가겠으니 네가 가서 약을 좀 지어 오너라." 라고 심부름을 시켰다. 자부는 분부대로 약방에 가서 편지를 보여주었다. 내용을 읽어 본 의사는 '눈도 침침, 귀도 가물가물, 코는 맹맹, 온몸이 쑤시고 아파서 안 아픈 곳을 찾기가 더 어렵습니다. 더구나 팥죽을 너무 오래 먹어서 자연스럽게 일어설 방법이 없습니다. 돌아가실 날을 기다리라.' 하더란다.

어찌 보면 그 의사는 양심이 올바른 사람 같기도 하고 보는 관점에 따라서는 환자에게 실망을 주는 분인 것 같기도 하여 판단하기가 어려운 상황이다. 약방에 온 손님에게 약을 우선으로 녹용이나 산삼 등을 넣어 원기가 회복되는 약이나 밥맛이 도는 약을 지어주면 돈도 벌고 환자도 마음이 편해지고 일거양득일 텐데 오래 살았으니 돌아가실 날이나 기다리라는 처방은 어떤 심사인지 알 수 없다.

똑같은 상황이 보는 관점에 따라 달라지는 이유는 무엇일까? 친구가 언젠가 푸념한 이야기다. 딸네 집에 가서 사위가 청소도 하고, 주방에서 딸과 같이 오순도순 음식 장만을 해서 대접을 하니 기분이 좋아서 일등 사위라고 칭찬을 하며 보는 사람마다 자랑하며 살맛 나는 세상을 사는 것 같았단다. 어느 날 아들네 집에 가서 아들이 걸레를 들고 있는 장면을 보는 순간 열불이 나서 내가 너를 어떻게 키웠는데, 뼈 빠지게 가르쳐 놓았더니 이 모양 이 꼴이냐며, 이런 꼴은 보기 싫다며 야단야단 호통을 치고 집으로 돌아와서는 생병이 났다고 한다.

시대가 달라져 대부분 맞벌이를 하니 서로가 부부가 도와 가면서 살아야 한다는 걸 알면서도 어미 마음엔 순간적으로 내 자식은 예외야 하는 마음이 앞을 가리고, 옛날식 남녀역할 분담이 잠재의식 속에 똬리를 틀고 있다가 순간적으로 분출되어 감정을 추스르기 어려워 병이 날 수도 있었겠다. 사위도 남의 귀한 아들자식인데 그놈의 아들이 어머니에게 무엇이기에 이런 현상이 일어날까 안타까운 일이다.

의사 아들을 두었다고 목에 힘주고 결혼식도 시끌벅적하더니 얼마나 귀한 집에서 며느리를 데려왔는지 기껏 추석, 설 양 명절에야 시댁에 내려오면서 호텔을 예약하고 와서 시댁에선 하룻밤도 자지 않고 올라가 버린다며 푸념하는 친구도 있다. 이야기 끝에 가족끼리 모이는 것이 어떤 의미인지도 모르는 며느리 이야기로 대화는 흘러간다. 며느리가 아니고 본인의 딸이라면 같은 상황에서 이리 이야기할 수 있을까?

품 안의 자식이 제 자식이고, 자식들 키워 봤자 아무 소용없다는 옛말이 지금 와서 너무도 맞는 말이라고 우리 친구들은 이야기한다. 나이를 먹고 혹여 주변 사람들이 서운하게 하면

역지사지로 생각하여 입장과 역할 바꾸기를 하다 보면 이해가 안 가는 일이 없다. 자식들이 서운하게 한다고 속상해하기보다는 제 한 몸 건사하고 먹고살기가 힘들어 나이 먹은 처녀, 총각들이 결혼도 안 하려는 세상인데 더 바랄 것이 무엇이겠는가? 라고 생각하자. 나이 먹은 우리가 먼저 이해하고 베푼다면 세상은 조금은 더 살기 좋아질 것이다. 문명의 발달로 세상이 살기 좋아진다더니 사실은 세상을 살면 살수록 문명이 발달하면 할수록 살아가기가 더 힘든 세상이다.

# 편백 나무 그늘

어느 무더운 날 월명공원을 산책하다 편백 나무 그늘을 지나게 되었다. 평소에도 운동 삼아 공원을 등산해도 편백 나무 숲이 이렇게 시원한 곳인지 몰랐다. 날씨가 너무 더워 상대적으로 편백 나무 그늘이 더 시원하게 느껴졌다.

우리 집에서 내 걸음으로 25분에서 30분이면 갈 수 있는 거리에 이렇게 훌륭한 휴게소가 있다는 걸 이제야 처음 알았다. 전주에서 군산으로 이사 와서 산 지도 벌써 오십여 년이 되어가는데, 가까운 공원에 이런 좋은 쉼터가 있을 거라고는 상상도 못 했다. 그동안 바쁘고 힘들게 살아온 증거라고나 할까?

우리 집은 삼 층 꼭대기 층이며 남서향 주택이고, 그나마 앞면이 모두 통유리 창으로 되어 있어 여름이면, 저녁이 다 될 때까지 해가 거실과 방을 계속 비추어 여름 나기가 무척 힘이 들었다. 오죽하면 매번 여름이면 딸아이들은 엄마 얼굴이 너무 타서 농사 몇 마지기 짓느라 논에 가서 매일 일하는 아줌마처럼 얼굴이 까매졌다고 말하곤 했다.

편백 나무숲 그늘을 발견한 뒤로 다음날부터 점심 도시락 하나 달랑 메고 더위가 오기 전 아침 열 시에 출발해서 오후 5시 30분경 집에 돌아오곤 했다. 남편도 너무 좋아한다. 종일 그곳에서 책도 읽고 피곤하면 낮잠도 자고 우리의 아지트가 되었다. 편백 나무숲 아래에는 풀 한 포기가 없고, 편백 나무뿌리들만 땅 위로 많이 나와 있는 걸 볼 수 있다. 하지만 좀 떨어진 장소는 풀과 가시넝쿨로 우거져 헤어 나올 수 없는 지경이며, 모기가 서식하여 그곳을 빠져나오면 모기 물린 자리가 보기 흉할 정도가 된다. 하지만 편백 나무숲 그늘에 설치된 이인용 침대 모양 의자나 평상에 앉아 있으면 모기떼가 날아와 괴로울 텐데 모기가 없다.

들밥이 맛있다고 울타리 밑에 가서 먹는다더니 편백 나무 그늘에서 도시락을 먹으면 집에서는 맛이 없어 먹지 않는 반

**편백나무 그늘에서 간식 먹으며 담소**

찬도 거기서 먹으면 꿀맛이고 더 많이 먹게 된다. 이곳이 편하고 좋으니 매번 내일 또 와야지 하는 생각이 든다.

방랑 생활 15일이나 되었을까. 가을이 오는지 찬바람이 불어오더니 천국이었던 편백 나무 그늘이 추워서 갈 수 없다. 어쩌면 그럴 수가 있을까? 아무리 자연 현상이라고 하지만 너무도 갑작스럽게 달라졌다. 불볕더위로 괴로워도 이곳에만 오면 편백 나무는 잎으로 해를 가리고 시원한 바람은 습하고 무덥던 여름 공기를 시원하게 했는데, 갑자기 계절이 바뀌어 찬 바람이 부니 분명히 햇볕은 따가운데 이제는 추워서 앉아 있지 못하게 되었다. 며칠 사이에 마법 같은 현상이 벌어지다니 정말 신기하기만 하다.

신기한 편백 나무에 대해 알고 싶어 인터넷을 찾아보았다. 편백 나무는 자기방어 물질인 피톤치드를 가장 많이 방출하며 양은 일반 소나무 5배 정도란다. 피톤치드란 식물에 함유되어있는 물질로서 미생물의 번식이나 성장을 억제하는 모든 물질로 정의되며 식물이 주위의 병원균으로부터 자신을 보호하기 위하여 발산하는 자기 방어물질이란다. 그래서 편백 나무뿌리 근처에 풀도 자라지 않고 모기도 없었나 보다.

일반적으로 편백 나무의 강한 향인 피톤치드는 살균, 탈취, 피부미용(미백), 혈액순환, 면역력 증대, 항산화 작용 등에 효능이 있는 것으로 알려져 있고 혈액순환 및 신진대사를 촉진하고, 피로 회복과 건강 장수에 신비한 효과가 있단다. 또한 불면증에도 탁월한 효과가 있단다. 편백 나무숲 그늘에서 지내고부터 잠을 잘 잘 수 있었던 것도 이유가 있었다.

우연히 알게 된 편백 나무 그늘이 나에게 너무도 많은 것을 주고 있었다. 삼림욕 하기 좋은 곳은 어린 나무보다는 수명이 오래된 나무가 좋다고 한다. 그리고 편백 나무는 일본에서 들어왔지만, 우리나라 것이 피톤치드가 월등하게 높아 효능이 더 좋다고 한다. 언젠가 캄보디아에 여행을 갔을 때 울창한 나무뿌리가 얽혀져 있는 모습이 장관을 이루어 인상이 깊었는데, 우리나라 편백 나무숲들을 계속 잘 가꾼다면 세월이 흐르면 삼림욕까지 할 수 있는 더 좋은 명물이 될 것 같다.

젊었을 때는 우리나라의 뚜렷한 4계절이 좋았는데, 나이가 들고 보니 여름은 더워서 견디기 어렵고 겨울은 추워서 싫어졌다. 하지만 금년 여름에는 비록 끝자락이었지만 편백 나무숲 그늘이 있어 힘든 여름을 즐겁게 보냈기에 다가오는 겨울도 춥지만은 않을 거라 기대한다.

# 소꿉놀이 친구

공동 우물 샘터가 있어 물 길어 물동이를 이고 다니는 아낙들이며 빨래터에 주저앉아 빨래를 주무르며 수다 떨던 여인네들이 모여 사는 어느 소박하고 한적한 시골 마을이 생각난다.

전혀 처지가 다른 무남독녀 외동딸인 친구와 노부부의 막내딸인 나는 소꿉친구다. 그 마을 윗집, 아래 집에서 태어나서 날이 새면 날마다 한집에 모여 같이 놀며 자랐다. 상황이 그렇게 되었다. 친구의 할머니와 우리 어머니는 동년배로서 친구요, 친구 막내 고모와 바로 위 내 언니가 동갑이기 때문에 친구와 나는 더 같이 붙어 지내며 세월을 보낸 것 같다.

그런데 초등학교 삼 학년 때 친구는 다른 식구들은 모두 남겨두고 엄마와 단둘이 전주로 이사를 가버렸다. 친구 아버지는 장남인데 백수건달이어서 친구 어머님이 이곳 농촌에서 살기가 어려울 정도로 생활고에 시달렸던 모양이다. 눈에서 멀어지면 마음에서도 멀어진다던데 나를 잊은 줄 알았던 내 친구는 매번 방학 때면 잊지 않고 찾아와 할머니 집은 접어두고 우리 집에서 예전처럼 같이 지냈다. 그 시절 여름방학, 겨울방학은 우리 둘에게는 황금의 연휴가 되었다.

학교에 다니는 동안에는 십여 일에 한 번씩 편지를 주고받으며 즐거운 학창 시절을 보냈다. 친구는 전주 사범에 다니고 나는 김제여고라서 학교도 다르고 거리도 멀리 떨어져 있지만 언제나 마음만은 일치하며 지냈다.

우리가 지은 시는 아니지만 서로 감명을 받은 시를 주고받으면서 감성을 키우기도 했다. 친구가 낸 처음 보내준 시는 정지용 시인의 「별똥별」 이다.

> 별똥 떨어진 곳/ 마음에 두었다/ 다음날 가보려/ 벼르고 벼르다/ 이젠 다 자랐소.

친구네 아버지로부터 저세상에 가셨다는 소식을 듣고 나는 장만(1566-1629)의 「풍파에 놀란 사공」 시조를 보냈다.

> 풍파(風波)에 놀란 사공 배 팔아 말을 사니/ 구절양장(九折羊腸)이 물도곤 어려웨라/ 이후란 배도 말도 말고 밭 갈기를 하리라.

어느 날인가 국어 선생님이 교무실로 호출을 했다. 무거운 마음으로 가본 결과 편지 한 장 주면서 누구냐고 물으셨다. 선생님께서 편지 내용을 읽어보니, 내용보다 시가 적혀 있고, 주소는 사범학교에 이름이 남자 이름 같아서 일어난 촌극이었다. 당시 여자 이름은 순이, 정자, 영자 등 널리 알려진 정해진 이름들을 많이 썼는데, 친구 이름은 종손의 무남독녀답게 최낙문이다. 그날 이후로 선생님은 내게 많은 관심을 기울이고 국어 시간에는 좋은 시를 추천해 주시고 다음 시간에는 다 외웠느냐고 추궁하시곤 했다.

이런 친구가 있었기에 나의 소녀 시절은 풍요로웠고 아름다웠다고 생각한다. 하지만 친구의 삶은 너무도 야속하고 슬프다. 친구 어머니께서는 딸 하나를 위해서 도시로 이사 와서 홀로 온갖 고생을 다 해 사범학교를 보냈다. 친구는 무사히 졸업하고 남원에 있는 초등학교로 발령이 났는데 전주에서 남원까지 열차로 통근을 하다가 열차 사고로 사망하고 말았다. 그 악몽은 몇 수십 년이 흘렀는데도 잊히지 않는다.

내가 나이를 먹고 할머니가 되고 보니 그 친구 생각이 더 난다. 방학 때면 친구 어머님은 손녀를 보고 싶어 할 할머니를 생각하고 시골에 보냈을 텐데. 할머니 댁에 내려와서 친구네 집에만 가 있고 할머니는 뒷전이라고 섭섭해하시던 생각이 난다.

우리 손자가 일본으로 유학을 떠났다가 집에 돌아와 있다는 소식은 들었는데 코로나19 때문에 왕래가 힘들어 보고 싶을 때 보지 못하니 보고 싶은 마음이 간절해 머리만 무겁고 안타깝다. 나는 손자 손녀가 아홉이나 되는 데도 이런 마음인데, 장손으로 손녀딸 하나만을 둔 친구 할머니는 어떤 심정이었을까? 늘 가까이에서 함께하지 못하는 아쉬움에 안타까워하셨고 그나마 다시는 못 올 먼 곳으로 떠나 버렸으니 얼마나 보고 싶고 기가 막히고 안타까웠을까?

사람의 인연이란 어떤 것일까. 이왕 만났으니 오래도록 함께했으면 좋으련만 금지옥엽으로 키우고 싶어 하신 할머니의 마음과 둘도 없는 사이였던 나와의 정을 그처럼 미련 없이 버리고 떠나고 말았는가 싶다. 그리 빨리 가려고 있는 정, 없는 정 모두 쏟아 놓았던가 보다.

친구가 그리운 어느 날 밤, 하늘가에서 별똥별 하나 떨어진다.

# 입시시험

매년 11월 둘째 주 목요일은 대학 능력 시험일이다. 올해는 수능일이 12월로 미루어져 조용히 지내고 보니 수많은 세월을 입시시험에 얽매이면서 살아온 기억이 새롭게 생각이 난다.

예전에는 중학교부터 시험을 보고 들어갔다. 중학교, 고등학교, 대학교를 모두 시험을 봐서 합격한 학생만 상급 학교에 진학할 수 있었다. 중학교 입시경쟁이 치열해지자 1969년에 중학교 무시험 진학제도를 시행하게 되었고. 고등학교 평준화 정책은 1970년대 중반에야 실시가 되었다. 초등학교나 중학교에서 입시 위주 교육이 사라지게 되어 천만다행이다.

대학 입시 시험은 계속하여 바뀌어 왔다. 해방 직후(1945

~1953년)에는 대학별로 자율적인 단독시험을 치렀으며, 1968년에는 '예비고사제'가 도입되어, 예비고사 커트라인을 통과한 학생에 한해 대학교 본고사를 치를 자격이 주어졌다. 1981년에는 선발 고사인 '학력고사'가 도입되었고, 1994년부터 '대학수학능력시험'이 시행되고 지금까지 이르게 된 것이다.

우리 집에선 고등학교 평준화가 되기 전인 1975년에 큰딸아이가 여고 시험을 보았고, 3년 뒤인 선발 고사 마지막 해에 작은딸도 고등학교 입학시험을 치렀다. 고등학교 평준화가 되기 전 두 아이가 전주여고에 합격하여 중학교 시절 고생의 보람은 배가 되었다. 하지만 선발되지 못한 많은 아이는 어린 나이에 강렬한 느낌을 받게 한 실패를 맛보는 경험은 큰 상처로 남았을 것이다. 남편이 공직자이기에 군산시청으로 발령이 나서 이사를 오는데 큰아이가 초등학교 6학년 말이라서 전학을 못 하는 제도가 있는 시기라 우리는 어쩔 수 없이 두 집 살림을 시작했다.

세월은 흘러 이젠 대학 진학이 문제다. 누 딸은 전주에서 부모 없이 학교에 다니고 있으니 매일 걱정이고, 아들 둘은

데리고 있으나 군산이 전라북도에선 진학률이 낮다는 소문도 있고 하니 어찌하면 좋은지 고민이 많이 되었다. 좋은 방법이 없었다. 경제적인 여유도 없으니 고액 과외는 상상도 못 하고 가정주부로서 몸이 열 개라도 부족할 만큼 분주하지만, 양쪽 집에 다니면서 아이들에게 정성을 다하고 평상시에 공부를 열심히 하여 수능을 잘 보기만 기원하는 마음뿐이다.

쥐꼬리만 한 월급으로 양쪽 집 살림을 하다 보니 아이들은 아이들대로 남들처럼 잘 먹이지도, 입히지도 못하고, 시험지옥에서 마음고생을 하는 엄마도 없는 환경에서 각박한 생활이 이어졌다. 엄마는 가공식품은 먹이지 않고 영양 있는 식품만 골라 먹이려니 먹는 아이들에게는 별것이 아닌 그 나물에 그 반찬이지만 주말마다 반찬들을 들고 군산과 전주를 오갔다. 자가용도 없는 시절, 걷거나 버스 타고 다니면서 고생도 많이 했다. 하지만 아이들 입장에 못 미쳤을 것이란 생각이 들면 더 잘해주지 못한 것에 대한 후회만 남는다.

두 딸은 예비고사를 보고 대학에서 실시하는 본고사를 치르고 진학했다. 두 아들은 학력고사를 보고 대학에 갔다. 수능 날짜만 정해지면 머리가 아파 견디기 힘들었다. 그 시절에는 지금처럼 정해진 날짜는 없었다. 얘들 수능시험 보기 전까지 일주일은 자췻집에 가서 지내야 하므로 가정주부가 없는 일주일을 남편이 혼자 지낼 동안 불편함 없이 준비해 놓고, 나 또한 아이들 자췻집에서 지낼 준비를 해야 하니 두 집 살림이 너무도 힘이 들었다. 자췻집 좁은 단칸방에서 엄마가 잠이나 자고 있으면 수험생 아이에게 방해가 될까 봐 나는 뜨개질을 하며 아이가 잠이 들면 뒷정돈을 하고 잠이 들곤 했다.

어느 날인가 대학 진학에 실패하고 재도전을 하던 막내가 수능시험을 보는 날 밤, 나는 마침 친구 딸이 결혼한다는 연락을 받았다. 집에 있었다면 남편이 봉투에 이름과 주소까지 써주면 나는 그 봉투만 전해 주면 되었는데 이번에는 내가 써야 한다. 막내는 수능시험 마지막 정리를 하고 나는 옆에서 글씨 연습을 했다. 난 글씨가 아주 악필이라 글씨를 남 앞에 내놓을 자신이 없었다. 한자 주소 성덕면의 덕 자가 생각나질 않아 옆에 공부하는 수험생 아들보고 옥편을 찾아보라 했더니 찾아서 보여준다.

다음날 학력고사를 본 아들은 시험 문제에 한문 덕자가 나왔다는 거다. 그 글자를 알지도 못했는데 어머니 덕에 시험 잘 보았다고 너무도 좋아했다. 친정집 주소도 잊어버리고 내가 옥편을 찾아보지 않고 수험생 아들에게 의지했다는 것도 이상한 일이다. 수험생 자식 옆에서 자지 않고 힘이 되어주려 했던 마음이 우연의 일치로 시험에 나왔다니 잘되었다. 살다 보니 그런 일도 있다. 그 덕분인지 막둥이도 원하는 대학에 다니게 되었다.

1975년 고입 시험을 시작으로 막내의 마지막 수능을 마치고 나의 직접적인 입시시험은 끝났으나 손녀 손자들이 뒤를 이어 수능시험에서 벗어나지 못하다가 드디어 작년인 2019년도에 마지막 손자가 수능을 마무리하면서 입시시험 44년이란 세월이 지나갔다.

3년간의 고교생활을 어떻게 보냈느냐의 결과로 하루 만에 수능시험을 보고 평가를 받는다는 것이 불편하기도 하고 불합리하기도 하지만 모든 학생에게 평등한 면이 있으므로 타당하다는 생각도 든다. 수능 결과로 3년 세월 전체를 평가할 수는 없겠지만 본인이 원하는 대학에 진학할 기회가 주어진다. 우리가 평생을 살아온 세월은 남은 사람들의 마음속에 기억으로 남는 우리들의 정성과 사랑으로 평가받는 것은 아닐까?

# 3부

# 호미질하던 추억

# 코로나19와 삶

수많은 세월을 온갖 풍상 다 겪으면서 오늘날까지 살아왔지만, 올해 같은 삶은 처음인 것 같다. 올해는 참으로 어렵고 힘든 한 해였다. 전 세계적으로 유행한 코로나19 전염병 때문에 일 년이란 세월을 상황이 좋아지기만을 학수고대하면서 나다니지도 않고 집에서만 살았건만 해결되지 못하고 올해가 저물고 있다.

서로서로 기대고 온기를 느끼며 살아가는 세상에서 2m 거리 두기를 실천해야 하고, 만나는 경우 각각 마스크를 착용하고 모든 일상생활을 해야 하는 달라진 새로운 인생살이가 너무도 한심하고 고달프다. 그 고생 다 하면서 상황이 좋아지기만을 기다렸건만, 지난 2월에 확진자 수와 비슷하게 지금 다시 확진자가 800명이 넘었다니 정말 걱정이 된다.

나이가 들면 자연적으로 귀도 안 들리고 눈도 잘 안 보여 보청기나 안경을 사용한다. 난 안경을 쓰면 김이 서려 적응이 되지 않아 신경이 많이 쓰인다. 생활이 불편하여 자연스럽지 않아도 어쩔 수 없이 안경을 사용하는데, 이제는 사람이 있는 곳에서 필수로 마스크까지 해야 한다. 오래 쓰고 있으니 귀에서는 무슨 이상한 소리가 나는 것 같기도 하다. 더구나 상대방과 대화를 나눌 때도 마스크를 쓰고 하니까 그런지 잘 알아들을 수가 없어 신경만 곤두세워져서 신경질만 나고 이건 너무 비참한 삶이 되어버린 것 같다.

의료진들은 의료진대로 이 어려운 환경에서 환자들을 돌보느라 애를 쓰고, 어여쁜 간호사 선생님도 하루 8시간 이상 마스크 착용으로 피부병이 생겼다는 뉴스도 보았다. 하나나 둘만 낳아 왕자나 공주처럼 키워서 자기들만 위해 세상이 돌아간다고 믿는, 세상 물정을 너무도 모르는 철부지 어린이들은 서로 어울려서 뛰어놀면서 세상 살아가는 법을 배워야 하는데 서로 만나기도 점점 어려워지고 있다. 학생들은 학생들대로 젊은이는 젊은이대로, 상인들은 상인들대로 직장인은 직장인대로 코로나19로 인해 경제적, 정신적으로 온갖 어려움을 겪지 않은 사람이 없다.

현재 코로나19 3차 유행에도 아직 우리나라에서는 지역봉쇄 등 강력 통제 대신 국민 개개인의 자발적인 생활 방역에 의존하고 있는 현실이다. 미국에서는 하루 코로나19로 사망자 수가 이천팔백 명을 넘어 9·11테러 때 사망한 숫자보다 더 많다고 한다. 코로나19 전염병으로 인해 지금이 전쟁 때보다 못한 세상인 것 같다.

전쟁이라면 승부가 가려지는 날이 있어 언젠가는 끝이 있다. 그런데 코로나19 전염병은 백신이 만들어져 주사를 맞고 우리 체내에서 완전히 항체가 생겨 병원균을 이겨낼 수 있을 때 끝난다고 볼 수 있으니 막연하게 기약 없이 세월이 흘러가기를 기다려야 한다. 희망 고문을 당하고 있다.

영국에서는 엊그제 세계 최초로 코로나19백신 일반 접종을 시작하였다고 하여 기대했지만 앞으로 실질적인 효과를 발휘할 때까지는 몇 달은 더 걸린다고 뉴스는 전하고 있다.

날씨는 점점 더 추워지고 상황은 악화만 되는데 여전히 기약 없는 기다림을 계속 해야 한다.

참고 견디다 보면 언젠가는 괴롭히던 코로나19도 물러나고 자유롭게 나돌아다닐 세상이 올 거라 굳게 믿으면서도 앞이 보이지 않게 암담한 비상시국이 계속되니 좀처럼 마음이 안정되지 않는다.

지금의 상황이 오지도 말고 가지도 말라는 세상이다 보니 먼 곳에 사는 자식들이 한 번씩 다녀가면 부담스럽기만 하다. 만나면 반갑고 즐거워야 할 가족들이 어쩌다 이리 서로 외면하고 살아야 하는 상황이 되었는지 아쉽기만 하다. 자유롭게 왕래할 수도 없게 만드는 코로나19 전염병 때문에 더 자식들도 그리운 것 같다.

# 김장

우리나라 가정주부라면 누구나 김장이 겨울나기를 위한 첫 번째 큰일이었다. 일 년에 한 번은 겪어야 하는 김장철이 돌아오면 주부들은 준비 단계부터 분주해진다.

특히 별다른 반찬이 없고 야채를 구하기가 쉽지 않던 시절에 겨울철부터 봄에 이르는 기간 동안 매우 중요한 기본 반찬이 되는 김치를 담그는 일은 주부들에게는 매우 중요한 연례 행사였다. 지금이야 아무 때나 배추를 구할 수 있으니 김장할 필요도 없다고 하는 사람도 많아졌고, 문명의 발달로 김치냉장고가 생김으로서 365일 김치 걱정할 필요가 없는 세상이 되었다.

배추가 많이 생산되고 맛있는 초겨울에 김치를 담가 양념

비율 조절을 해서 간을 맞추어 번호를 써 놓고 김치냉장고에 넣어 보관하면 오래된 김치도 처음 맛과 같이 변하지 않고 먹을 수 있어 좋다. 채소가 풍족하지 않은 겨울철 식구들 건강을 위한 반찬이며, 한끼도 빠질 수 없는 반찬이니 온갖 정성을 다하여 담아 놓고 나면 저 높은 산을 한 단계, 한 단계 차근차근 올라 드디어 완주한 기분이라고 할까?

올해는 코로나19 영향으로 이웃과 가족이 서로 모여서 정을 나누는 김치를 담는 것도 문제다. 또 태풍과 홍수 때문인지 한 근에 7천~8천 원 하던 고추가 한 근에 2만 원에서 2만 5천 원이란다. 거기에 가짓수도 많은 양념값은 아주 비싸 김치 담그는 것도 문제지만, 경제적인 문제도 심각하다. 혼자서 고민하다 큰딸에게 전화를 넣었다. 큰딸네는 해마다 김장할 때 온다.

처음에는 배추 소금 간하는 과정부터 1박 2일이나 2박 3일에 걸쳐 김장했고, 2010년도 이후부터는 절인 배추를 주로 이용했다. 젓갈과 모든 양념을 준비해 놓으면 큰딸네는 김치통을 들고 와서 일 년 먹을 김치를 담아갔다. 김치를 워낙 좋아하는 사위는 매해 김장 때면 깍두기 담글 무도 썰어주고, 배추 꽁다리를 모두 따주며 최종 김치 맛을 담당했다. 남편은 마늘 까기와 모든 양념 준비를 도맡아 담당해 준다. 김장이란 긴긴 겨울을 이기기 위해 가족이 모여 축제처럼 정을 나누는 것이다. 딸이 “엄마가 나이 먹어 혼자 양념 준비하는 것도 힘들고 주택 3층까지 무거운 절인 배추 옮기는 것도 힘들다며 자기 집에서 하는 것으로 바꾸자.” 해서 한 번 그리해 보고는 다시 우리 집으로 김장을 하러 온다. 딸 집에서 김장해 보니 준비하는 과정이 더 복잡하고 힘들었다.

언제쯤 김장할 수 있는지 물으니 “엄마, 올해엔 김장하지 말자. 코로나19로 시절도 수상하고, 작년에 50포기나 해서 아직 남았으니 먹다가 모자라면 대충 그때그때 사 먹을래.” 라며 엄마도 나이가 있으니 그만하시라고 부추긴다. 자기가 하는 일이 바쁘니 시간 낼 수 없나 보다 생각하고 그럼 그렇게 하자고 대답했다.

큰딸과 약속은 했지만, 평생을 해마다 습관처럼 해왔던 김장을 안 한다는 것은 어쩐지 주부의 본문을 망각하는 것 같다. 내 생전에 김치를 사 먹는 데 동참한다는 것은 있을 수가 없는, 가족에 대한 배반이란 생각도 들었다. 먹는 것이 보약이고 가족 입에 들어가는 것은 정성을 다해야 한다는 평소 지론에도 어긋나는 것이다. 특히 한끼도 빠지지 않고 밥상에 올리는 김치만이라도 주부가 정성과 시간을 들여서 담그는 것이 도리라고 믿고 살아왔던 나의 가치관이 코로나19라고 해서, 또 딸이 동참하지 않는다고 해도 아직은 흔들릴 수는 없다.

옥상에 심은 배추가 늦게 심은 이유인지 포기도 안 차고 있기에 봄배추나 하려고 했는데 상황이 이렇게 된 이상 어쩔 수 없이 뽑기로 했다. 본래 배추는 눈을 맞고 찬바람을 받아야 영양분도 더 많아지고 맛도 단데 올해에는 눈다운 눈이 안 내리고 가끔 밤에만 조금 뿌렸다. 거기다 옥상에서 기른 우리 배추는 기온이 내려갈 때는 얼까 봐 덮어 주다 보니 눈을 맞지 않았다. 남편 정성으로 얼지 않은 배추로 김장을 했다.

김장은 양이 적으나 많으나 갖출 것은 다 준비해야 하니까 얼마나 힘이 드는지 피곤이 풀리지 않는다. 소량이라고 소홀히 생각했는데 모든 것이 마음과는 다르다는 것을 뼈저리게 느꼈다. 김장 때면 김치 통만 덜렁 들고 와서 자기네 김치를 버무려서 가지고 갔던 큰딸이 알게 모르게 많은 의지가 되었나 보다. 혼자서 김장을 마치고 나서 입맛도 잃어버리고, 누워만 있게 된다.

해마다 김장철이면 큰딸은 김치를 직접 담가 갔고, 며느리들은 고명딸이고 친정에 가깝게 살며, 젊은 친정어머니가 김장을 해주어서 나는 맛만 보라는 의미로 김치 한 통씩만 나누어 준다. 작은딸은 배추 농사를 전문으로 하는 시누이가 가까이 살고 있어 한 통만 주면 그만이다. 김장하면 자식들에게 이렇게 맛보이는 재미로 김장을 했는데 올해는 양이 적어 그것도 못 할 것 같다.

김치를 많이 먹는 큰딸네가 김치를 사 먹을 걸 생각하니 걱정이 되어 전화해 보았다. 작년 김치는 아직 남아 있고, 무를 사다 깍두기 담가 먹고 있으니 걱정하지 말란다. 그럼 그렇지. 아이들 어릴 때도 탕수육까지 집에서 해 먹였던 딸이 가족들 입에 들어갈 반찬을 허투루 하지 않음에 안심이다.

# 3대의 입대

큰아들이 전화해서 "어머니, 막내 손주가 2월에 군대에 가게 되었습니다." 한다. 아홉 손자 중 막내는 신입생으로 대학 생활을 신나게 하는 줄 알았더니 1학년을 마치자마자 벌써 군대에 간단다. 일본에서 공부하던 작은아들 큰아이도 지금은 들어와 군에 가려고 신체검사 받고 기다리고 있다. 두 손자가 군대 간다는 소식에 어릴 때 오빠가 군대 가던 생각이 났다.

내 나이 일곱 살 때였던 것 같다. 어머니께서 오빠가 군에 입대해야 한다는 통지를 받고 매우 안타까워하시며 밤에는 잠도 안 주무시고 고민하시던 기억이 난다. 하기야 일제가 지배하던 시절이었기 때문에 마음대로 입대를 연기하지도 못

하고, 입대를 하면 살아 돌아오는 사람보다 전사했다는 소식이 더 많았던 시절이다. 주변에서 우리 친구 삼촌도 전사했다는 통보가 와서 부모이기에 어쩔 수 없이 겪어내야만 하는 애끓는 슬픔을 가까이에서 지켜보셨기 때문에 더 걱정하시는 것 같았다.

입대하는 날짜가 다가오니 이웃들, 친척들, 친구들 등 주변 사람들과 이별 잔치를 며칠에 걸쳐 여러 번 나누어 치렀다. 지금 생각하면 그 잔치는 기약 없는 길을 떠나는 아들을 배웅하며 자식의 웃는 얼굴을 오래 기억하기 위해 어머니가 베풀었던 잔치였을 것이다. 그때 어머니는 얼마나 울음을 삼키면서 제발 아들이 무사히 돌아오기만을 기원하셨을까? 어머니의 기원과 정성이 통했는지 몇 해 되지 않아 다행히 오빠는 무사히 제대하고 돌아오셨다.

세월은 흘러 내가 아들을 군대에 보내는 처지가 되었다. 아들은 군대에 갈 나이가 되었는데 고시를 보느라 연장을 하다 보니 29세에 입대했다. 전시 상황은 아니지만, 그 옛날 선입견이 있어서인지 아들을 군대 보낸 어미는 언제나 마음이 놓이지 않고 걱정되고 안타깝기만 했다. 아들이 마지막 입고 간 옷이 집에 우편으로 왔을 때, 그 옷을 보고 얼마나 울었는지 지금도 그 순간을 생각하면 순간 멍해지며 가슴이 찡해진다. 대한민국에서 아들을 가진 엄마라면 모두 겪어야 하는 과정이지만 참으로 어려운 세월이었다. 휴가 나오기까지 연락할 길도 없었던 답답한 세월이었으니….

피는 못 속인다더니, 아버지가 법정대학을 나와 고시 공부를 한다고 평생을 매달리더니, 아들 역시 기술고시 때문에 입대가 늦어져서 마음고생이 심했을 것이다. 늦은 나이에 젊은 아이들 틈에 끼여 훈련을 받기도 쉽지는 않았을 것이다. 사실 서울대 석사까지 마치고 자존심이 하늘을 찔렀던 아들은 육군으로 군 복무를 26개월을 했는데 속상했었던 일들도 많았을 거라 미루어 짐작된다.

아들은 남들보다 늦게 군대에 다녀와서 직장도 늦어지고 결혼도 늦어지고 모든 것이 늦어져서 마음먹은 대로 이루어지지 않았다. 모든 게 뒤처지기만 했다. 그래서 손주는 일찍 군대에 보내는 것일지도 모르겠다.

어느덧 이제 손자가 입대할 나이가 되었다니…. 어찌하다 보니 3대가 군에 입대하는 과정을 지켜보는 처지가 된 셈이다. 손자가 입대한다니까 어찌 더 애틋한 마음만 드는데 지금은 코로나로 오도 가도 말라는 어려운 시기인지라 입대한다는 소식을 듣고도 얼굴을 볼 수 없으니 어찌할 바를 모르겠다.

신문 방송을 통해 교육 훈련이 힘든 것이 아니라, 내무반 생활이 힘들다고 실토하며, 내무반 생활의 부조리에서 갈등이 촉발된다는 소식을 많이 들었다. 이제는 군 복무 기간도 18개월로 줄어들고, 내무반 생활 근황 사진을 찍어 인터넷에 올려 부모들 걱정을 덜어주니 군이 잘하고 있는 것 같다. 하지만 막상 손자들이 군대에 간다니 21세기 대한민국 군대에서 여전히 구타나 괴롭힘과 집단따돌림으로 상징되는 전근대적이고 폐쇄적인 조직문화가 아직 남아 있을까 봐 무척 걱정된다.

손자들이 가까이 옆에 살면 군대 입대하기 전에 먹이고 싶은 것 사 먹이고, 가고 싶은 곳 데리고 가서 시간 보내며 할미의 사랑으로 고된 내무반 생활을 이겨 낼 힘이 되도록 용기를 더 북돋게 해주고 싶은데 별 이상한 코로나19 세태를 만나서 마음먹은 대로 하지도 못하고 애만 태우고 있다. 제발 아프지 말고 다치지도 말고 무사히 의무 복무 기간을 마치고 전역하기를 바라며 기도한다.

"우리 손주들 힘내라. 나의 보배들이여!"

# 눈이 오길 기다리며

너무나도 힘들고 어려웠던 경자년을 마감하면서 함박눈이 내리기만 기다렸다. 하지만 동지가 지나고 12월 말일이 다가오는데도 눈은 내리지 않았다. 눈 맞은 배추로 김장을 하여야 하는데 눈이 안 온다.

친구들은 추위가 오기 전 김장한다고 11월 말부터 김치 담그기 시작하여 서로 김치 맛을 보여 주고 야단법석이다. 그런데 나는 배추가 눈을 맞으면 영양분도 많아지고, 단맛도 생기고, 감칠맛이 난다기에 눈이 오기만을 기다리며 김장 날을 잡지 못해 고민하다가 늦게 심어서 포기도 차지 않고 눈도 맞지 않은 배추를 뽑아 김치를 담갔다. 다음날부터 눈이 내리기 시작하더니 며칠이고 쌓이고 쌓여 이제는 녹기만을 기대했는데 방송에선 또 눈이 온다고 한다. 며칠만 참았으면 눈

맞은 배추로 김장했을 것이고 더 맛있는 김치가 되었을 텐데 그걸 못 맞추어 억울한 생각이 많이 든다.

지구 온난화로 인해서인지 여러 해 동안 이렇게 눈이 풍족하게 내린 적이 없었던 것 같다. 옛날 노인들이 모여 앉아 겨울에 눈이 많이 오면 풍년이 든다고 하시던 말씀이 생각난다. 눈이 내리면 우선 가뭄이 해소되고, 녹으면서 기온이 낮아져 땅속에 사는 해충들도 죽으니 농사에 적당한 환경이 이루어질 것 같다. 제발 그 말이 맞으면 좋겠다. 작년은 코로나19 때문에 고통스러운 데다 태풍까지 불어오고 장마, 홍수마저 가세했다. 그러다 보니 모든 작물이 잘되질 않아 과일이며 곡물, 채소까지도 흉작이 되어 몇 배 가격이 뛰어올라 일상생활에 많은 어려움이 따랐다.

신축년 1월 1일부터 이리 많은 눈이 내렸으니 올해는 풍성한 해가 되길 바라본다.

함박눈이 내리기를 학수고대하다 보니 돌아가신 친정어머니가 생각났다. 친정아버지 생신이 음력 12월 22일이라서 눈이 와서 쌓이는 날이나 강풍이 심한 날이면 우리 다섯 남매가 모이다가 혹시나 사고라도 날까 봐 노심초사하며 생일에 안 모여도 되니까 날씨 좋지 않으면 오지 말라는 당부를 늘 하시었다. 우리 다섯 남매가 모이면 그리 좋아하시면서도 오지 말라고 하셨던 그 마음은 얼마나 안타깝고 쓰렸을까?

남편도 생일이 음력으로 11월 23일이다. 딸은 엄마를 닮는다더니 매년 돌아오는 생일 때마다 눈이 내리는 추운 날씨 때문에 아이들이 고생할까 봐 마음이 많이 쓰인다. 네 남매가 모여 있는 모습을 보면 즐겁고 흐뭇하지만, 눈이 내린 날이면 해 있을 때 돌아가라고 채근하게 되고, 각자 집에 잘 도착했다는 전화를 받고서야 비로소 걱정으로부터 안심이 된다.

내가 배추 때문에 눈이 오기만을 기다릴 때 남편은 눈이 와서 쌓이면 내 집 앞 눈 치우는 일이 얼마나 힘든 일인지 알고나 있냐고 물은 적이 있다. 구십 먹은 노인이 아침 일찍 일어나 행인들이 다치지 않도록 집 앞 눈을 쓸어 치우는 것도 보통 일은 아니다. 또한 요즈음처럼 코로나19로 인해 일자리 구하기가 힘들어 하루 벌어 하루 사는 일용노동자들도 눈이 내리기를 기다리는 사람보다는 눈이 안 오기를 바라는 사람들이 더 많을 것 같다.

사실 어릴 적 눈이 펑펑 내린 날에는 모든 것이 새하얀 눈에 덮여 온 세상이 깨끗하고 아름답게만 보이고, 수북이 쌓인 눈을 밟으면 뽀드득뽀드득 듣기 좋은 소리에 철없이 뛰어다니며 뒤에 남은 발자국을 보곤 즐거워했었다. 나이를 먹고 보니 눈이 오는 날 미끄러운 길에서 넘어져 고관절을 다쳐 출입도 못 하다가 돌아가셨다는 주변 분들 이야기만 들려오니 눈이 오는 날이 어린 시절처럼 마냥 즐겁지 않다.

눈이 내리는 자연 현상 하나도 어떤 사람은 기다리고 어떤 사람은 제발 오지 않기를 기대한다. 우리 앞에 닥치는 현실은 우리 인생살이 과정 중 한 단계이려니 생각하고 순응하며 즐겁게 극복하려 노력해야 한다.

힘든 해는 지나고 새해가 밝았으니 꼭 풍년이 들고 좋은 일들만 있기를 바라는 마음이다. 앞으로 더 많은 눈이 내리더라도 불편함을 참고 참으며 미끄러운 길도 조심하면서 모든 것을 인내하고 서로가 순리를 지키며 풍성한 한 새해가 되기만을 기원한다.

# 모임

남편들 직장 모임으로 인해 만나서 알게 된 부인들끼리 11명이라는 인원으로 만남이 이루어졌다. 우리 11명은 만남을 시작하고 얼마 되지 않아 바로 서로에게 다정한 친구가 되었다. 남편들 직위가 동등하고 연령대가 같아서 공감대가 많아 쉽게 친구가 된 것 같다.

한 달에 한 번 만나더라도 늘 같이 지내던 사이처럼 헤어지기 섭섭하여 해가 지는 줄도 모르고 이야깃주머니를 꺼내곤 했다. 나중에는 일 년에 한 번씩은 여행도 같이 가면서 쌓였던 회포도 풀며 밤을 새우기도 하였다.

흘러가는 세월과 함께 어린 자식들은 잘 자라 결혼 적령기가 되어 여기저기서 청첩장이 날아들었다. 매년 결혼 철이 되면 예식장 찾아다니느라 바쁘게 살다 보니 머리에는 어느덧 하얀 눈이 내리고, 우린 더 부산할 수밖에 없었다. 우리 연령대는 가족계획이 시작되는 시기였는데 3남매, 4남매, 많게는 5남매 등 아이들도 많아서 가정주부로 하는 일이 더 많았다.

하지만 틈틈이 짬을 내 여행을 다녀오면서 서로에 대해 더 돈독해지고 생활 스트레스도 풀었던 것 같다. 당시 아주머니들 여행 장소라야 흔히들 가는 온양온천이다. 군산에서는 접근성이 좋아 우리가 자주 갔던 장소다. 기차를 타고 온천에 가서 방 하나를 빌려 9~10명이 한방에서 자고 식사도 모두 그곳에서 해결하며, 온천물로 생활의 피곤을 풀면서 우리만의 힐링법으로 즐겼다. 하룻밤을 지새우며 실컷 수다를 떨면서 정신의 스트레스를 풀고, 뜨뜻한 온천물로 온몸의 근육을 풀어 새로운 마음으로 고된 일상생활로 돌아갈 힘을 얻었다.

다시 일상으로 돌아오면 양가 부모님 애경사까지 겹치기도 하여 눈코 뜰 새 없이 바쁜 나날들을 보냈다. 시일이 지나니 이젠 남편들이 다니던 직장에서 하나, 둘 정년퇴임하기 시작하여 서로 찾아다니느라 또다시 분주해졌다. 이런 모임이 있었기에 여러 일도 많고 탈도 많았지만 아름다운 추억으로 기억된다.

다사다난했던 긴 세월을 훌쩍 보내고 이제 와 가만히 아름다운 기억을 떠올리니 너무도 허망하다. 대주 양반이 정년하고 자식들을 따라 이제까지 살던 정든 보금자리를 버리고 울면서 멀리 이사를 가버린 친구, 남편을 먼저 저세상으로 보내고 혼자 살기 어려워 자식 따라 떠나간 친구도 있다. 퇴임 후 대궐 같은 집을 짓고 단둘이서 오손도손 잘 살더니 집을 짓느라 고생을 많이 해서 그런지 허망하게 이승을 떠난 친구도 있다. 한 친구는 애써서 지은 궁궐 같은 집을 비워 놓고 요양원에 가 있다. 멋진 좋은 집이 풀로 가득한 빈집으로 변한 것을 볼 때마다 이런 현실이 참으로 비참하다. 또한 친구는 갑자기 다리가 아프다고 병원에 가더니 수술을 했단다. 수술이 잘되었다기에 병문안까지 다녀왔는데 얼마 되지 않아 죽었다는 소식이 왔다. 병자생 동갑네가 그렇게 가고 말았으니 무슨 말이 더 필요할까?

11명 친구가 어쩌다 보니 4명만 남았다. 모임을 해산하자는 말도 할 수 없고 딱히 해결책이 떠오르지 않는다. 45년이란 세월을 같이 지내 왔던 우리 친구들이 이런 날이 오리라고는 생각도 못 했는데 어쩌다 이렇게 되었을까?

세월의 힘에 우리 인간은 굴복할 수밖에 없지만, 아름다운 모임으로 지금까지 인연을 맺으며 이어온 우리의 진한 우정을 감사하게 생각하고 사는 동안은 계속하여 좋은 인연으로 남고 싶다. 즐거웠던 일들은 좋은 추억으로 간직하겠다. 이제는 사람과의 모임보다는 혼자서 할 수 있는 글쓰기에 전념하여 학창 시절의 꿈이었던 작가로서 좋은 글을 쓸 수 있도록 노력하는 일만 남은 것 같다. 남은 인생을 정리하는 의미에서라도 글쓰기만 위하여 온 힘을 써야겠다.

# 2021년『수필과비평』3월호

2021년도『수필과비평』3월호는 내 인생을 정신없이 흔들어 놓았다. 먼저 '계획적 진부화'란 송명희 교수님의 트렌드 읽기를 접하고 가치관의 혼란이 왔다. 우리가 살아온 시절은 절약을 우선으로 하고 고쳐 쓰고 아껴 쓰는 것이 당연한 걸로 인정하고 살아왔는데 시대가 달라져서인지 무엇이 옳은지 그른지 판단하기도 어려워져 고민하게 한다.

이때 마침 복지관 탁구동아리 반에서 사귄 친구로, 영어 교사로 퇴직하신 분인데 매번 빈 교실에서 같이 탁구를 하며 친하게 친분을 쌓고 지내던 분이라『수필과비평』3월호를 드렸다. 코로나 때문에 어려운 시기에 나다니지도 못하고 심심한 시간에 귀중한 책에서, 많은 것을 배우고 느꼈다면서 잘 읽었다고 만날 때마다 책을 준 것에 대한 고마움을 표시한다.

또한 내가 느낀 바와 같이 '계획적 진부화'에 관한 이야기도 같이 나누었다. 선생님은 무척 모범적인 분인지라 관장님이 추천하시어 국무총리상도 받고, 평소에도 배울 점이 많은 존경심이 드는 분이다. 그런 분이 읽고 칭찬하니 『수필과비평』이 더욱 빛이 나는 것 같다.

'계획적인 진부화'에 따르면 털실만 해도 그렇다. 지금은 오리털 옷이 유행하여 값도 싸고 가볍고 추위에도 잘 버틸 수 있고, 모양이야 어떻든 겨울나기가 좋아 주목을 받는다. 털실 옷은 만드는 과정이 복잡하고 어렵고 비용이 많이 들다 보니 지금 소비자에게 인기가 없다. 하지만 자기 취향대로 만들 수 있어서 재생할 수가 있어서 좋았는데 현대인들은 번거로운 걸 싫어하기 때문에 눈에서 멀어진 것 같다. 하지만 옛날 시골에서는 주목받을 때가 있었다. 쌀 한 가마 값을 주어야 따뜻하고 포근한 스웨터 한 벌을 입을 수 있었는데, 어떤 이는 평생을 벼르고 별렀던 스웨터를 회갑 선물로 받고서 잔칫날 곱게 차려입고 손님들 앞에서 덩실덩실 춤을 추면서 아들 자랑을 늘어지게 하여 부러움의 대상이 되기도 하였다.

우리 집에서도 위로 딸 둘, 아래로 아들 둘이라 쌍둥이들 같아 딸은 딸대로, 아들은 아들끼리 형형색색 똑같은 옷을 만들어 입혀서 설 명절에 친정집에 가면 갓 시집온 질부는 입이 벌어져 다물 줄 모르고 아이들을 예뻐하곤 했다. 그 세대 현대인인지라 뜨개질 배운다고 열심히 뜨개질 설명을 듣기도 했다. 계획적인 진부화가 없었던 시절 이야기이다.

2021년 『수필과 비평』 3월 발간지는 내가 문인으로 등단한 글이 실려 있어서 평생 잊을 수 없이 내 인생을 흔들어 놓았다. 내 동창생은 다리 수술을 하고 퇴원해서 집에 들어앉아 있었는데 날이면 날마다 보내준 책만 들여다보고 있었더니 남편이 친구는 그 나이에 글을 써서 작가가 되었는데 자기는 책을 외우려고 하느냐고 놀렸다고 한다. 당연히 그것도 못 하겠냐고 대답하니 옆에서 수발하던 딸아이는 다리 수술하고 맥없이 있던 엄마가 좋은 친구를 두어 활기가 있고 의욕이 생겨 엄마 다리 회복도 빨리 되겠다고 하여 식구들 모두 웃음꽃이 피었다고 한다.

이질 딸은 서울 집으로 보내준 수필 잡지를 받아 보고 울기까지 하면서 이모 나이에 저세상 가신 분도 많이 보고, 요양원에 계신 분도 많은데 우리 이모는 별난 사람이라며 전화를 한다. 먹고서 힘내서 좋은 글 더 많이 쓰라는 편지와 함께 몸에 좋다는 여러 잡곡을 모두 넣어 직접 미숫가루를 만들어서 보내왔다.

월간지를 보내드린 많은 사람에게 생각지 못했던 여러 가지 환대를 받고 그 대가를 보여드려야 할 터인데…. 코로나19는 앞에 있어 물러날 줄 모르고 갇혀 사는 신세라 몸은 지칠 대로 지치고 훌륭한 선생님의 직접적인 지도도 받아야 하는데, 세월만 속절없이 흘러가니 한심하기만 하다. 월계관을 머리에 씌워주신 분들에게 인사라도 해야 하는데, 언제나 자유롭게 오갈 수 있는 날이 올지 답답하기만 하다.

# 제삿날

음력으로 3~4월, 모든 꽃이 만발하여 가는 곳마다 꽃동산을 이루고 봄나들이가 한창인 아주 아름다운 좋은 계절에 우리 부모님은 돌아가셨다. 행여나 막내딸이 겨울이면 추울까 봐, 여름이면 더워서 고생할까 봐, 일 년에 한 번씩 찾아다니기 편하라고 따뜻한 봄날인 아버지는 음력 3월 25일, 어머니는 4월 20일 천생연분 보리 배필이신 내외분께서 나란히 저세상으로 가셨다.

부모님 제삿날은 내가 자란 친정집에 식구들이 모두 모여 부모님을 기리고 그 시절 추억 이야기로 지새고 다음 날 아침이면 산소에 가곤 했다. 이제 세월은 흘러 친정집도 사라지고, 5남매 중 언니와 오빠 둘은 돌아가시고 바로 위 언니와 나만 남았다. 그래도 매년 부모님 제삿날은 남편과 함께 꼭 참석하여 장조카를 중심으로 식구들 얼굴을 보고 새로운 살아가는 힘을 얻곤 했다.

무서운 전염병이 작년에도 가로막아 찾아뵙지 못해서 한 해가 지나가도록 허전한 마음 달래기 힘들었는데, 올해도 부모님 제사에는 참석하지 못하고 혼자서 쓸쓸하게 무서운 전염병만 원망하며 울고 있는 하루해는 길기만 하다.

단둘만 살고 있으니 남편마저 볼일이 있어 집을 비우고 나면 텅 빈 집에 홀로 남아 쓸쓸하고 회한에 잠겨 힘든 하루를 보내야만 했다. 행여나 늘그막에 자식들에게 부담이 될까 봐 멀리 떨어져 살기를 원했는데, 그것은 큰 착오였다. 전염병이란 어렵고 힘든 산이 앞에 놓일 줄을 누가 알았겠나? 살다 보니 생각지도 못한 일도 많고, 탈도 많아서 후회하는 일도 많다.

정년을 맞이하고 난 뒤 이제는 자식들 옆으로 가서 살아야 한다고 충고하는 분도 있었다. 공무원 생활을 하면서 이리저리 발령장을 받은 대로 이사를 여러 번 다녀서 질리기도 했지만, 그때 마음으론 우리가 자식들에게 짐이 될까 봐 멀리 두고 서로 간섭할 것 없고 간섭받지 않고 고부간에 갈등 없이 식구들 간에 화목하게 잘살면 되는 줄 알았다. 그것은 큰 오산이었다.

나이를 먹고 보니 어쩔 수 없나 보다. 이런 때 가까운 주변에 한 자식이라도 산다면 전염병이 나돈다 한들 젊은 자식이 차로 태워다 주면 부모님 제삿날 혼자 울고 있진 않을 생각도 해본다. 모든 것이 계산 착오다. 젊어서는 아이들 뒷바라지에 얽매여 뒤돌아볼 새 없이 세월이 흘러갔다. 자식들은 제 갈 길을 다 찾아가고, 70대 고개를 넘으면서 대상포진이란 병을 요란하게 앓고 나서는 급격하게 눈도 잘 안 보이고 귀도 잘 안 들리니 병원에 들락거리는 신세가 되고 말았다.

안과에서 백내장 수술도 하고 날마다 눈에 약 넣기에 분주하다. 3개월에 한 번씩 검진하러 다니니 주머니만 가벼워진다. 결국 일상생활을 하는데 안경이 꼭 필요하다 해서 맞춰 쓰게 되었다. 귀 역시 병원에 다녔으나 신경만 쓰이고 여전히 달라지지 않고 잘 안 들려 보청기를 사용하기로 했다.

안경 쓰고, 귀에는 보청기까지 끼고 만신창이가 된 이제야 학창 시절 내 꿈을 찾으려 글쓰기를 시작하였더니 코로나19로 오지도 가지도 못하는 지경이 되고 말았다. 마음으론 뭐든 다 할 것 같아 시작은 했는데, 복지관에서 수업도 못 받고, 아는 것도 잊어버린 이러한 상황에서 자식들이라도 옆에 살면 상의하고 의논하며 얻어들어 실력이라도 쌓일 텐데 그렇지도 못하고 아쉽고 답답하기만 하다.

남편 역시 나와 똑같은 입장이라 갑갑한지 뭔가를 해보겠다고 나가서 지내니 난 더 혼자가 되는 것 같다. 나도 암담한 이 기간에 희망을 잃지 않고 컴퓨터라도 잘할 수 있도록 남편에게 틈틈이 배워 언젠가는 내 힘으로 자유롭게 사용할 것을 다짐한다. 남편이 컴퓨터를 나보다는 잘해서 많이 도움이 되고 있어 고맙다.

안경에 마스크까지 쓰고 나서면 이슬이 서려 잘 보이지도 않고, 습기가 있는 날은 더 말할 것도 없다. 이젠 백신 주사도 1, 2차 모두 맞았으니 마스크 벗는 날이 어서 오기만을 기다린다. 모든 것을 내 힘으로 극복해 나갈 수 있는 길이 열리기를 바라면서 쓸쓸하고 답답한 나날들이 빨리 지나가 무서운 전염병 없어지기를 기다리고 고대하며 하루하루 기다려 보련다.

# 딸은 살림 밑천

예전에는 단지 여자로 태어났다는 이유로 태어나는 날부터 식구들에게 환영받지 못하는 존재였기에 "딸은 살림 밑천"이란 별칭도 가지게 되었다. 그때 그 시절에는 여자이기 때문에 겪는 고단한 삶의 과정이라 생각하고 그저 한평생을 힘들게 참고만 살아온 시절이었다.

아들은 태어나는 순간 집안에 경사로 1주일이 지나면 이레 잔치, 3주일에 삼칠일 잔치, 7주가 되면 마지막 이래 잔치를 했다. 이레 잔치가 지나고 나면 백일이 다가와 백일잔치, 1년이 되면 첫 돌잔치 등 눈코 뜰 새 없이 보내게 된다. 반면 여자아이를 낳은 집에서는 딸을 위해 돌잔치를 베푸는 집도 드물었다. 하물며 딸만 연거푸 낳은 집에서는 어쩔 수 없는 삶의 비애를 느끼며 하루하루를 살아내야만 하는 여자의 일생을 태어나는 순간부터 겪었다. 현대인들은 상상도 못 할 일이다.

까맣게 잊었던 여고 시절 한 장면이 생각난다. 이야기를 잘 해주시던 선생님이 계셨는데 공부하다가 지루한 생각이 들면 선생님께 이야기해 달라고 하면 가끔 이야기가 시작되었다.

어느 마을에 며느리가 첫딸을 낳았다고 시아버지께 말씀드리니 "첫딸은 살림 밑천이야. 순산했으면 잘했다." 하시더란다. 두 번째 또 딸을 낳아서 알렸더니 "괜찮아. 다음에 아들 나면 된다." 하셨단다. 세 번째에도 딸을 낳아 보고했더니 좀 서운하다고 하셨다. 네 번째 딸은 매우 섭섭하다고 하셨고, 다섯 번째 손녀 소식을 듣고선 안색까지 변하시고 질겁하면서 집을 나가셨단다.

이야기 속 며느리는 딸부자가 되고서 얼마나 고통스러웠을까? 본인 마음대로 되지 않는 현실에서 열 달을 품고 결국 딸이 다섯이나 되는 현실을 맞닥뜨렸으니. 그 집에 손녀딸들 이름은 할아버지가 보고 들었을 때 느낀 그대로 이름을 지었다고 한다. 첫째는 정자, 둘째는 괜찮이, 셋째는 서운히, 넷째 섭섭히, 다섯째는 질겁이 이름을 지었다면서 선생님 이야기는 끝이 났다. 당시 이야기를 들었을 때는 재미난 내용이란 생각만 들어 모두가 손뼉을 치며 웃음바다로 교실이 넘쳤었다.

내가 며느리가 되어 첫 번째 딸을 낳고, 둘째를 가지고 나니 어쩌나 고민이 되는지. 그때 마침 선생님 이야기가 생각이 나서 차라리 그 이야기를 안 들은 것만 못한 마음도 들었다. 임신했을 때는 좋은 생각만 하고, 좋은 것만 보고 몸가짐을 바르게 해야 하는데 걱정으로 애를 태우다 다시 딸을 낳았다. 하여 세 번째 임신했을 때는 더 고민이 되어 걱정만 한가득하였다. 그때 일만 생각하면 지금도 아찔한 생각이 든다. 다행히 난 딸은 괜찮이로 끝내고 셋째로 아들을 낳아서 그 고통에서 벗어날 수가 있었다.

살아보니 '딸은 살림 밑천'이란 옛말이 꼭 맞는 말인 것 같다. 우리 집도 딸들이 살림 밑천으로 역할을 톡톡히 했다. 특히 아들을 먼저 낳았다면, 허리끈 졸라매야만 했던 살림살이로 더 어려웠을 텐데, 딸들이 먼저였기에 어린 남동생들도 돌보았고, 두 딸이 대학을 졸업하자마자 바로 직장도 가졌기 때문에 부모로서 한결 수월했다. 아들은 아무래도 군대도 갔다 와야 해서 딸보다는 직장도 늦기 마련이다.

불과 얼마 전까지만 해도 남자아이로 대를 이어야 한다는 전통으로 인한 남아 선호 사상에 찌들어 있던 한국 사회에서 지금은 남편이 아들보다는 딸을 더 원한다고 한다. 아들이건 딸이건 상관없이 이제는 귀하게 주신 생명이니 잘 키워서 사회에 보탬이 되는 인간으로 성장시켜야 하는 마음뿐이다. 하지만 생각하면 할수록 세대의 변천은 급작스럽게 너무도 차이가 나서 당황스럽기만 하다. 앞으로는 또 어떤 세상이 오려는지 그것이 더 궁금하기도 하다.

# 반 짝꿍

어느 날 갑자기 꿈 많던 학창 시절의 내 짝이 생각나 동지섣달 긴긴밤 동이 트는 줄도 모르고 그리워하다가 뜬눈으로 날을 지새우고 말았다. 그 시절 국어 시간만 되면 선생님께서는 칠판에 시 한 편씩을 적어 놓으시고 모윤숙, 최정희 여사 등이 이렇고 저렇고 소식을 전하며 당시 유명 여성 12인에 대해 자세히 이야기하셨다. 상급학교 진학을 위해서는 여성 12인을 꼭 알아야 했는데 열두 명 명단을 하나하나 설명하며 가르쳐주시기에 어려움 없이 저절로 외울 수 있었다.

날이면 날마다 나와 내 짝은 시간 가는 줄도 모르고 수많은 다른 수업들은 뒤로한 채 선생님께서 소개한 시 문장을 토론하고 써보고 음미하면서 외우기에 바빴다. 옆자리에 나란히 붙어 앉은 우리는 국어 시간만 기다리며 자신들이 마치 시인이나 된 양 우쭐대면서 각자 써온 글을 서로 비교·대조하며 장단점을 가려내는 시간을 보내곤 했다. 어느덧 졸업식이란 벽에 부딪혀서 행복한 시절도 사라지고 우리는 기약 없이 헤어지고 말았다.

그 시절 여자 나이 20세가 넘으면 노처녀란 별칭이 붙었다. 내가 자란 곳은 시골이라서 초등학교가 멀리 있었고, 난 막내여서 어리광만 부리다가 열 살에 초등학교에 입학하여 고등학교를 졸업하고 나니 스물두 살이 되었다. 당시 우리 반에는 내 나이보다 두 살 위인 아이들도 많았고 두 살 아래 아이들도 꽤 되어 내 나이는 얼추 중간이었다. 하지만 부모의 입장에서는 난 나이 많이 먹은 노처녀였기에, 졸업과 동시에 급하게 결혼을 서두르셨다.

친구들과 차분히 편지 한 통 교환하지 못하고 시집을 바로 가게 되었다. 가정주부가 되어 주어진 삶에 얽매이고 보니 시적인 감각은 산산조각이 나고 신문이나 잡지는 구경도 못 한 채 육십여 년이란 세월이 흘러가 버렸다. 머리에는 하얀 눈이 내리고 귀에서는 이상한 소리가 나고, 눈도 잘 보이지 않아 안경을 쓰게 되었다. 아이들은 제 갈 길 다 찾아가고 남편은 정년퇴직하여 복지관에 같이 다니게 되었다. 그곳에서 '수필과비평반'인 구불길에서 공부하게 되었다. 드디어 86세 제자는 선생님 지도 덕분에 작가라는 이름을 얻게 되었다.

고진감래라더니 이산 저산 건널 때마다 어려움으로 암담하여 힘이 들었으나 참고 또 참으며 인생길을 걷다 보니 이런 일도 있다. 산산조각이 났다고 생각했던 문학에 대한 열망이 내 가슴 어디엔가 남아 있었나 보다. 작가라는 이름을 얻게 되니 옛 추억과 함께 국어 선생님과 짝이 제일 먼저 떠오른다. 학창 시절 문학에 대한 열망이 헛되지 않았다는 자부심이라고나 할까?

한데 옛 내 짝은 소문에 의하면 결혼한 지 얼마 되지 않아 자살했다고 하는데 자세한 내용은 알 길이 없다. 그 시절 우리 학교생활은 시곗바늘처럼 학교와 집만 왕복하는 게 전부였다. 다른 곳에 놀러도 한번 못 가고 당연하게 친구 집에도 가본 적이 없다. 내 짝 덕이는 기차 통학을 하고 나는 하숙을 했으므로 서로 더 왕래가 어려웠다. 미리 주소라도 알아놓았더라면 나중에 물어물어 찾아볼 수도 있었을 텐데.

우리는 학교에서 지내는 수업 시간과 쉬는 시간에 모든 것을 공유했다. 연인들처럼 서로 주고받았던 시와 문장으로 남은 글은 유물로 남아 결혼과 동시에 친정집에 모두 두고 왔다.

한번은 오라버니가 정리하신다며 소지품을 가져가라는 이야기를 하셨는데 삶이 너무 고달프고 힘들어 알아서 처리하라 했다. 지금에 와서 생각하니 친구와 추억뿐 아니라 글 쓰는데 피와 살이 될 모든 자료를 소홀히 대한 것이 후회된다.

내 짝이 살아있었다면 감수성도 풍부하고 글솜씨도 뛰어나서 아마도 먼저 문인이 되어 우리의 만남이 빛이 났을 텐데. 그 결혼생활이 얼마나 괴로워서 그런 끔찍한 선택을 했을까? 그 삶을 살아보지 않고 겪어보지 않은 사람은 모르는 것이다. 학교를 졸업하고 사회생활을 해본 후에 결혼생활을 시작했다면 문학소녀인 친구 인생은 달라졌을까? 학교를 갓 졸업하고 신부가 되어 시댁 식구들과 호흡 맞추어 살아내는 것이 얼마나 어려워 그런 선택을 했을까? 연락해 볼 길이 없는 친구를 잃어버리고 그리워하는 이 마음을 어이할꼬.

# 호미질하던 추억

예전에는 여자아이가 태어나면 가정경제력이 있거나 없거나 상관없이 학교에 보낼 생각은 하지 않고 어머니나 혹은 가정부를 도와 집안일을 하도록 했다. 집안에서 일어나는 여러 대소사를 직접 겪으며 살아서 자연스럽게 그 시절 여성들은 집안 살림살이에 저절로 전문가가 되었다. 살림을 어려서부터 잘 배워 결혼한 새신부는 시가 생활에서 전문가이기 때문에 환영을 받았다.

집안일을 배우지 못하고 학교만 다니다 졸업과 동시에 시집을 온 나는 어려움이 너무 많았다. 결혼하고 처음 모내기 날이 생각난다. 지금은 농사일이 대부분 기계화되었지만, 옛날엔 일꾼들이 수작업으로 모를 하나하나 심었었다. 많은 일꾼이 모여 일을 하니 점심을 차려야 했다. 여러 음식을 만들어서 논으로 가져가는데 막내며느리인 나에게는 국물이든 물동이를 머리에 이고 가라고 한다. 한 번도 해보지 않은 일이라서 난관에 부딪히고 말았다. 머리에 무엇을 이고 걷는 것은 생각해 보지도 못한 일이다. 하물며 국물이 가득한 동이를 이고 구불구불하며 미끄러운 논길을 걷는다니 지금도 그 일만 생각하면 잠이 오지 않는다.

살림을 제대로 못 해 허둥대던 세월이 흘러 시댁에서 분가하고 식구는 늘어 큰딸이 여섯 살, 둘째가 네 살, 그다음 아이가 한 살, 어느덧 세 아이 엄마가 되었다. 이때는 내가 혼자 직접 밭농사를 지어야만 했는데 너무도 어려운 일이었다. 20여 분을 아기는 등에 업고 큰 두 아이는 걸려서 목적지인 밭에 도착하면 벌써 지친다. 우리 밭 위에는 산이 있는데 그곳에 큰 묘소가 있다. 그 앞에 제상으로 사용하는 넓적하면서도 장방형의 돌로 된 큰 석상이 있어 업고 온 아기를 그곳에 뉘고 큰아이에게 옆에서 어린 동생을 돌보게 하고 호미질을 시작했다.

밭에 잡풀들은 어쩌면 이리 잘도 자라는지? 온 힘을 다해 호미로 뿌리까지 캐보지만, 별 성과도 없이 돌아서면 풀들은 다시 무성하게 자라서 장관을 이루고 있다. 다른 사람들은 호미질도 쉽게 쉽게 잘해 잡풀도 없이 밭에 작물들이 싱싱하게 잘도 자라는데 우리 밭은 풀들이 더 싱싱하다. 매일 최선을 다해 풀도 제거하고 김매기도 해주지만 성과가 거의 없으니 너무나 힘이 들고 혼자 감당하기가 어려웠다. 손에 힘을 주고 다시 다짐하며 호미질을 하여도 혼자서 처음으로 밭농사를 짓는다는 것이 얼마나 힘들고 어려운 일인가를 실감할 뿐이었다.

시댁 식구들이 한마을에 살기 때문에 아이들을 맡기고 밭에 일하러 갈 수도 있지만, 분가하기 전 한집에 살면서 큰형님이 하시던 말씀이 생각나 매일 아이 셋을 모두 데리고 다니니 더 힘들었던 것 같다. 어머님은 아침 식사를 하시면 아이를 보아준다며 큰댁 아이를 업고 둘째 큰댁에 가셔서 업고 간 아이는 내려놓아 혼자 놀게 하고 한 살 위인 그 집 아이는 업고 다니셨단다. 혼자 노는 아이를 데리고 오면 얼마나 속이상하는지! 라고 큰형님은 말씀하셨다. 어머님은 종일 둘째 큰댁에 계시다가 밤에 오셔서 다음날 또 아일 업고 나가시기를 반복하신단다. 그러지 말라고 말려도 멈출 줄 모르고 매일 일한 뒤 둘째네에서 혼자 노는 아이 데리러 다니느라 속상하고 더 피곤하다고도 하소연하셨다.

이야기를 들은 나는 어떠한 일이 있어도 아이를 절대 맡기지 않기로 맘먹고 어려움을 참아가면서 삶을 견디었다. 둘째 형님네 아이들과 우리 아이들은 해를 바꿔가며 사이사이에 태어났기 때문에 더 어려운 사이다. 우리 아이들은 막내아들의 손자 손녀인지라 이 사정 저 사정에 다 걸린다.

아무리 혼자 열심히 일해도 밭일은 끝이 없고 아이들은 아이들대로 고생만 하고 날이면 날마다 다람쥐 쳇바퀴 돌듯 돌아가는 날들이 계속되었다.

고민하던 어느 날, 고시생인 남편에게 공무원 시험을 보면 어떻겠냐고 의중을 떠보았다. 결혼해서 8년이란 세월을 고시 공부에 매달려서 떨어지는 것만 보여 준 게 미안했던지 내 의견에 따라 공무원 시험에 응시하더니 합격해서 어엿한 직장인이 되었다. 그리고 남편은 고시 공부에 대한 꿈은 버리지 않고 퇴근하면 하던 공부를 계속하기로 다짐했다. 남편이 발령받는 대로 이곳저곳 직장을 따라다니다 보니 우리의 농촌 생활은 자연스럽게 정돈되었다. 아이 네 명 데리고 시작한 셋방살이도 만만한 일은 아니지만, 혼자서 아이들 데리고 밭농사 지으며 농촌 생활을 하는 것보다는 얼마나 다행인지 모른다.

젊은 시절, 아이들 데리고 눈물로 호미질하던 밭은 세월이 흘러 이제는 시아버지와 시어머니를 모신 산소가 되었다. 성묘할 때마다 건너다보이는 곳에 아직도 남아 있는 넓은 상석을 보면 호미질하던 손으로 배고파 울던 아이에게 급히 젖먹이던 일, 자기들도 어린데 더 어린 동생 보살핀다고 고생하던 딸들 얼굴, 갑자기 비가 너무 와서 아이들을 어찌해야 할지 당황하며 어쩔 줄 몰라 했던 일 등 수많은 일이 주마등처럼 스쳐 지나간다. 즐겁고 행복한 좋은 추억은 아니지만 지금 돌이켜 생각하면 어려운 이런 일, 저런 일을 이겨냈기에 지금의 내가 있지 않았나 싶다. 어쩌면 시집와서 생전 해보지 못

한 밭농사를 해보겠다고 호미 한 자루로 덤볐던 그 젊은 시절이 그리운 것인지도 모르겠다.

# 4부

# 86세의 기적

# 코로나19 전염병과 선거철

코비드19라는 전염병은 3년이란 세월을 지구상에 사는 모든 세상 사람들 삶을 힘들게 하고 현재 이 순간까지 끝날 기미가 없다. 올해도 세월은 잊지도 않고 어김없이 꽃 피는 춘삼월이 찾아왔는데 무서운 전염병은 물러날 줄 모르고 계속 더 전파되고 있다. 이 전염병을 얼마나 더 참아내야 하는지 나이 많은 사람 입장에 해도 너무하는 어려운 상황이다.

열 살에 해방되고, 열여섯에 육이오 전쟁 등 지금까지 살면서 온갖 풍상 겪었지만, 현재가 가장 어려운 상황이다. 늙어 겪는 상황이라 그런지 지금 팬데믹 전염병 상황이 전쟁보다도 더 무섭다. 전염병 때문에 자식들과 자유로이 왕래를 못하니 가족의 정이 그리워서 먼 산만 바라보는 신세가 되어 처량함도 느낀다. 젊어서는 자식들 먹이고, 입히고, 가르칠 생각에 뒤돌아볼 여유도 없이 하루하루 열심히 살아왔는데 늙어서는 전염병 때문에 발목이 묶여 창살 없는 감옥살이를 하는 신세다.

남편이 정년한 직후에 우리는 직장을 따라 이리저리 이동하던 타향살이를 정돈하고, 자식 곁으로 이사를 해야 하나, 라는 고민을 진지하게 했었다. 그때만 해도 우리가 젊었었는지 행여 아이들에게 짐이 될까 봐 정돈을 못 했는데. 전염병 때문에 이런 심각한 위기 상황이 닥치니 후회된다. 자식들과 같이 또는 가까운 곳에 살고 있다면 이리 적막강산은 아닐 텐데 우울감이 엄습한다.

덩그러니 떨어져 단둘이 사는 세월이 오래 흐르다 보니 서서히 입지가 줄어들게 된다. 현재는 전염병마저 버티고 있으니 수십 년 된 계모임마저 흐지부지되고, 사사로운 모임마저도 자유롭게 할 수 없으니 지금에 와선 설 자리가 없다. 가끔 도서관에 가서 책을 빌려다 보고는 있는데 이 일도 쉽지는 않다. 돋보기를 써야 글씨가 잘 뵈는지라 몇 장 넘기다 보면 머리가 아프고, 오래 앉아 있기에도 무리가 있어 기일 내 책을 반납하기도 버겁다. 늙은이들에게 걷기운동이 제일이라 가까운 공원이라도 산책하려고 안경에 마스크를 하고 나서면 몇 발짝 못 가서 안경에 김이 서려 걷기도 힘들다. 눈앞의 시야가 매번 불편하니 걷는 것도 마스크 벗는 날을 기다려야겠다고 자꾸 미루게만 된다.

이것저것 포기하고 방구석에 누워 TV를 볼까 하고 켜보면 늙은 우리가 볼만한 프로는 한 건도 없고 광고만 늘어지게 하고 있다. 마침 대통령 선거철이 가세하여 볼거리가 풍성할까 기대했지만, 후보자들 흠집만 너절하게 난발하여 머리가 너무도 무겁다. 내 인생에서 잊지 못하는 대통령은 초대 대통령 이승만이다. 해방 직후인지라 해외에서 독립운동을 하시고 돌아오셔서인지 선거 유세로 하신 말씀이 "한강에 있는 고기들도 반가워합디다."란 말이다. 그 언어 표현이 어렸을 때 기억이지만 각인이 되어 지금까지도 잊히지 않는다.

이승만 대통령 부인은 언어와 문화가 다른 외국인이었다. 그래서인지 이기붕 박마리아 부통령 내외분이 대통령을 보좌하며 영부인보다 더 부각되었다. 이후 아들이 없는 이승만 대통령이 부통령 아들을 양자로 입양했다는 소식도 들리고, 대통령이 왕처럼 군림하더니 독재가 길어졌다. 결국 얼마 뒤 양자로 간 아들이 친부모를 살해하고 자기도 자살하는 끔찍한 비극이 일어났다. 이 사건을 겪으며 영부인이 외국인이라 국민과 소통을 못 하여 그리되었을까 하는 생각에 대통령 후보 하지만 배우자가 더 중요하다는 걸 알게 되었다.

세월이 흐르다 보니 예전 일들은 벌써 잊었나, 이번 선거 땐 유독 대통령의 배우자 흠집들만 난발하는 내용으로 가득하다. 당을 위한 무리는 서로 대통령을 뽑지, 국모를 뽑느냐면서 입으로는 나라를 위하고 국민을 위한다고 하면서 자기들 목적만을 위해서 발버둥을 치는 모습만 보여주고 있다. 무엇이 바른지 그른지 모르는 무리가 삼팔선도 부족한지 영호남 갈라놓고 자기들 선거의 이익만 챙기는 모습들이니 코로나19로 우울한 마음은 더욱 깊어만 간다.

우리나라 선거 때만 되면 어김없이 들려오는 영남표가 어떻고 호남표가 어떻고 하는 지역을 구분하고 차별하느라 왕

왕거리며 떠들어대는 소리가 이제는 코로나19보다 더한 괴질 전염병과 같이 느껴져 넌덜머리가 난다. 코로나19도 없어져야 하지만 이 작은 나라에서 선거철마다 되풀이되는 지역별로 서로를 구분하고 차별하는 일들도 모두 같이 사라지길 바란다.

세월이 흐르고 세대가 바뀌면서 모든 것은 합리적이고 편리하고 좋은 쪽으로 조금씩이라도 바뀌는데, 선거철에 일어나는 일들은 왜 계속 반복되는지 그것이 알고 싶다. 선거라는 것이 인물의 됨됨이와 시행할 정책은 생각지 않고 당만을 위하여 싸워가는 현상이라는 사실만 보여주는 텔레비전이 어쩌면 코로나19 전염병 상황보다 더 심각하다. 선거철에 코로나의 암담한 상황을 조금이나마 잊고 앞으로 삶에 희망을 주는 상대 후보의 더 많은 미담과 좋은 정책들을 서로 지지해 주는 선거운동을 한다면 어찌 될까? 코로나로 우울하고 갇혀 있는 답답한 마음에 절대 있을 수 없는 상상의 나래를 펼쳐 본다.

# 세월 탓이런가?

사람들은 지금이 살맛 나는 세상이라고 하더라만, 그것도 젊은 사람들 이야기지 많이 먹은 나이 탓인가? 난 그 이야기가 전혀 공감되지 않는다.

머리카락 색은 하얗게 변해 염색해도 자고 돌아서면 다시 흰색과 검은색으로 더 지저분한 2층으로 변하고 만다. 염색약은 화학약품이라 눈에는 해가 되는지 시력 1.5 혹은 1.2를 유지하면서 눈이 잘 보이고 맑고 좋은 편이라고 자부했는데 염색을 계속한 이후에 무엇이 눈을 가리는 것만 같고 머리도 아프다. 안과에 갔더니 백내장이란다. 나이가 있어서인지 염색 때문인지 정확한 원인을 우리가 어찌 알겠는가? 수술도 하고 안경을 맞추어 쓰고 의사 선생님께서 지시한 안약도 아침저녁으로 꾸준히 넣어 보지만 눈이 불편한 건 마찬가지다.

귀에서는 매미 우는 소리가 그칠 날이 없고, 누군가 작은 소리로 말하면 들리지도 않는다. 이비인후과에 다녀보지만 달라지는 건 없다. 길거리 가는 곳마다 보청기 광고를 하지만, 이용자 만족도는 낮은 것 같고 이것저것 불편한 점이 많아 보인다. 어떻게 하겠는가. 말하는 주변 사람을 신경 쓰게 만들어 결국은 보청기를 하게 되었으나 해보니 역시 불편하다.

날씨나 바람, 기온에 따라 콧물이 줄줄 흐르면서 머리가 아프고 이상하더니만 축농증이란다. 수술했는데 이젠 냄새마저도 못 맡는 장애인이 되고 말았다.

오감 중 맛을 느끼는 입은 또 어떤가? 식사 후에는 습관처럼 언제나 꼼꼼히 이를 닦아도 틀니를 사용하고 있어서인지 입안이 개운하지 않고 뭔가 가득 차 있는 느낌만 든다. 거기다 더해 얼굴의 피부는 온갖 잡티가 난발하여 파운데이션과 연지분으로 떡칠해도 바르는 순간뿐 시간 낭비만 하고 있다. 신체 오관이 남들보다 부실하지만 나보다 더 어려운 처지에 있는 사람을 생각하며 어렵게 참고 버텨왔는데 이젠 한계인가? 먼저 저세상 간 친구가 부러운 생각이 든다. 이러한 어려움이 있었기에 이기지 못해서 떠났을까?

팔일오 광복이 되기 전, 일제 강점기 그 어려운 시절에 우리 친정엄마는 지금도 노산에 해당하는 나이 42세에 나를 가졌다. 거기다 장가간 큰아들과 같은 시기에 아이를 가지게 되어 며느리에게 무척 부끄러우셨단다. 가진 아이를 어떻게 할 수도 없고 축복받아야 할 임신에 얼마나 스트레스를 받았는지 아이를 낳았는데 모유가 나오질 않았다고 한다. 그 시절엔 우유도 없고 멀건 죽을 만들어 먹였는데, 갓난아이는 먹지 않고 고집 세게 온종일 계속 울기만 했다고 한다. 노산모는 얼마나 힘들었을까? 생각할수록 우리 어머니는 나로 인해 더 어려운 삶을 사셨던 것 같다.

모유를 먹어 보지도 못하고 매일 울기만 하며 부실하게 자라나는 아이는 얼마나 가여웠을까? 어린 막내가 안쓰러웠던 오빠나 언니들은 울기만 하는 동생을 달래는 방법으로 달콤한 사탕이나 과자를 사서 먹이기 시작했다. 덕분에 이가 썩고 아파서 병원에 가야 하는 데 여자가 결혼 전에 병원 가면 안 된다는 아버지의 엄명으로 치료를 못 받았다. 이는 많이 망가져 젊은 나이인 39세에 틀니를 했다.

먹을 것도 없는 시절에 아이 건강 기본이 되는 모유도 먹지 못해 부실하게 자란 이유로 열 살에 초등학교 입학했지만, 사실 학교에 걸어 다니는 것도 힘들었다. 여고 때에도 다리가 아파서 수업 시간 끝나는 쉬는 시간마다 바닥에 내려앉아 쉬었던 기억이 있다. 기본적인 체력이 길러지지 않아서였을까? 난 내가 경험을 해봐서인지 모유의 중요성을 실감하면서 인생을 살아왔다.

요즈음 엄마들이 몸매 망가질까 봐 모유 수유를 안 하고, 직장생활 때문에 모유 수유를 하지 못한다는 소식도 들린다. 심지어 환경호르몬 영향으로 모유가 안 나오는 산모도 많아지는 추세라는 뉴스도 있다. 직장생활 하느라 어렵지만 미리 유축해서 냉장고에 넣어놓고 모유를 먹이려고 어렵게 노력하는 주변의 젊은 엄마 이야기도 들린다. 모유 수유가 갈수록 힘든 일이겠지만 일생 병고에 시달리지 않고 건강한 아이로 자라날 아이 일생을 생각한다면 모유를 먹이는 것이 좋지 않을까?

나의 상황에 비추어 볼 때 산모가 몸에 좋고 영양가 있는 음식을 골고루 먹어 분비되는 모유가 아이에게 최상의 음식이라고 생각한다.

# 핑계 없는 무덤 없다더니

제가 선생님을 수필 문학 수업에서 처음 뵈었을 때 마음은 용기로 가득 자신만만했습니다. 무엇이든지 맡겨만 주시면 할 수 있고, 지시만 내려 주시면 할 수 있다는 자신을 가지고 글쓰기 시작한 저는 선생님의 피나는 노력으로 간신히 작가라는 자리를 가지게 되었습니다.

작가가 되었으니 앞으로 계속 수필 교실에서 선생님의 지도를 꾸준히 받아 더욱 발전하리라 기대했었는데 전혀 상상치 못한 코로나19라는 전염병이 전 세계를 뒤덮었지요. 괴상하고도 전파력이 무서운 전염병 때문에 발이 묶이고 집에만 갇혀 사는 세월이 햇수로 벌써 3년이라는 세월이 흘렀습니다. 글쓰기 교실에서「결혼 예순 번째 고개를 넘으면서」

를 맨 첫 작품으로 제출하고 선생님을 만날 기대로 다음 수업 시간을 손꼽아 기다렸던 기억이 떠오릅니다. 선생님 강의를 들을 수 있었기에 마음속 이야기를 차분하게 펼쳐 보일 수 있었습니다. 선생님이 가르쳐 주시는 대로 꾸준히 따르다 보면 학창 시절 꿈이 이루어질 수 있을 거라고 기대했습니다. 현대 맞춤법이나 글을 이어가는 것이 어렵고 힘들 때면 작가가 될 수 있다는 희망으로 마음을 다잡으며 어쩌면 그 시간이 행복했습니다.

공부하던 시간이 흐르고 작가가 되어 고생하신 선생님과 수강생 동료들과 함께 기쁨을 같이 나누고자 했으나, 코로나19로 가족이 모이는 것도 제한하는 시절이 되고 말았습니다. 코로나 방역 예방수칙 준수 때문에 사람 모이는 것을 무서워하는 시절이 되고 보니 만나서 밥 한 끼 같이 먹는 것도 눈치 보게 되었습니다. 무리가 되더라도 바로 모두에게 인사를 해야 했는데, 차일피일 미루며 코로나가 좋아지기만을 바라며 상황을 살피기만 하다가 결국 3년의 세월이 흐르게 되었습니다. 시작은 좋았는데 세상은 저를 도와주질 않았습니다. 핑계 없는 무덤 없다더니 졸지에 인사도 챙기지 못하는 파렴치한이 되고 말았습니다.

요즈음 코로나가 잠잠해지며 복지관이 다시 문을 열었습니다. 반가운 마음에 달려가 보니 '수필과비평' 강의실은 다른 이름으로 수업을 하고 있었습니다. 김수찬 도서관장님을 만나 뵈었는데 수필 선생님은 이미 그만두셨고 기다리면 언젠가는 수필과비평을 수업을 시작할 거라고 말씀하셨습니다. 언젠가는 알 수 없는 일이겠지요. 아직 남아 있는 수필 반 수강생들은 다른 문학 수업을 받고 있는데 다른 선생님이 진행하시는 새 문학 수업에 참여하고 싶지는 않아 포기하고 말았습니다. 같이 수필 공부를 했던 수강생 동료들은 작가가 된 제가 인사할 줄도 모르는 사람이라고 수군거릴지도 모르겠어요.

많은 기쁨과 행복을 주었던 '수필과비평' 수업을 포기하고 보니 섭섭하고 허전합니다. 무엇보다 소속이 없으니 글도 꾸준히 써지지 않습니다. 어렵게 선생님께서 노력해 주셨으니 계속 좋은 글 써 야겠다 다짐은 하면서도 그때뿐입니다. 선생님께서 계속 수필과비평반을 지금까지 지도해 주셨다면 얼마나 좋았을까요? 복지관 문을 열 때부터 운동 삼아 빠지지 않고 참여했던 탁구반이나 무용반에만 참석하고 있답니다. 탁구장과 무용실에 가면 오랜 세월을 같이했던 수강생들이라 지금은 장 언니라는 별칭까지 붙여 준 수강생 동생들이 두루 반겨줍니다. 개인적인 사정으로 인해 하루라도 빠지는 날에는 전화하며 챙겨주니 자고 나면 나갈 때가 있고 반겨주는 사람들이 있다는 걸 보람으로 생각합니다.

나이 먹은 제자를 여전히 지도하느라 계속 고생하시는 선생님께 죄송스러운 마음에 이런저런 말을 늘어놓았습니다. 작가가 되고 난 이후에 공식적인 인사를 못 했으니 이제까지 지도해 주신 글들을 모아 책을 만들어 한 권씩 드리는 만남의 장을 만들 계기도 생각하고 있습니다.

# 회상

팔십칠 년이란 세월을 보내고 지금에 와서 생각하니 능력 없는 못난 엄마 품에서 태어난 자식들이 얼마나 힘들었을지 상상이 된다. 절약만을 주장하면서 가정생활을 하는 엄마 사이에서 아이들은 얼마나 갖고 싶고, 먹고 싶고, 입고 싶고, 무엇인가 하고 싶은 일들이 많았을 텐데 어떻게 참고 견디며 살았을까? 절약만이 미덕이고 살길인 엄마의 경제 관념에서 탈피하고 싶은 마음도 있었을 텐데 참고 또 참으며 살아온 아이들이 고맙고 또 고마워서 대견한 생각만 든다.

경제적 능력도 없는 신부가 고시생 신랑을 만나 식구들은 늘어만 가고 생활이 어려워 미관 말단직인 공무원 시험에 합격하여 기관에서 발령 내는 대로 이리저리 이동하면서 셋방살이는 시작되었다. 집 한 칸이라도 마련하려 애쓰다 보니 아끼고 또 아끼는 절약밖에 방법이 없었다.

어느덧 세월이 흘러 큰딸이 중학생이 되던 해, 남편은 군산시청으로 발령을 받았다. 그때 그 시절엔 중학교에 가려면 가족 주민등록이 등록되어 있는 그 지역에서 추첨해야 했다. 그래서 이사를 못 하고 남편이 하숙하고, 우리는 전주에서 계속 살기로 했다. 당시에는 시장 사모님이 주관하는 '협찬회'란 모임이 있어 부인들이 모두 모여 새해 인사를 해야 한다기에 찾아뵈었다. 남편이 하숙한다는 소식을 들었는지, 하시는 말씀이 공무원 생활을 오래해 보니 알겠더라면서 신랑 각시가 같이 살아야 남편이 직장에 충실하고 열심히 살아 가정도 평화롭다면서 딸을 하숙시키고 이사를 오라고 권하기에 그대로 실천했다.

큰딸이 중학교에 입학식 하는 날, 우리는 아이 셋만 데리고 군산으로 이사 가고 큰딸은 혼자서 전주에 남아 생활했고, 중학교 졸업 후 전주여고에 진학했다. 군산으로 전학한 당시 초등학생이었던 작은딸은 나중에 중앙여중에 다녔는데 미술에 소질이 있는지 많은 미술대회에 참가해 여러 상을 받아왔다. 군산에서 전주여고에 진학하려면 전교 5등 안에 들어야 하는데 미술대회에만 나가고 수업은 뒷전이라 겨우 반에서 4~5등 하고 있다. 전주로 전학을 시키려고 담임 선생님을 찾아갔다. 전학을 왜 가냐면서 미술로 전북의 별 3개만 따면 무시험으로 군산에서도 홍익대 미대를 얼마든지 갈 수 있으니 기다려 보라고 하신다.

자식 4명이 모두 대학에 가야 하니, 나는 평소에 아이들에게  국립대학에 보낼 거라고 말해 왔었다. 우리는 경제적 능력이 없어서 사립대를 보낼 수 없으니 전학을 허락해 달라고 졸라 겨우 중학교 3학년이 되어 전학을 가게 되었다. 큰딸은 고3, 작은딸은 중3. 둘이서 전주에서 같이 자취를 시작하고 우리는 입시 지옥에 빠져들고 말았다.

큰딸이 언젠가 의과대학에 진학하고 싶다 말했지만, 동생들을 모두 대학에 보내야 하니 첫아이인 너에게 10년 이상을 두사할 수 없다고 했다. 여자이니 의사보다는 사범대를 나와서 선생님 하면 좋겠다는 말과 함께. 큰딸은 그 뒤로 두말도 안 하고 전북대학 사범대학에 갔다.

중3 때 전주로 전학 간 작은딸은 피나는 노력으로 전주여고에 합격하였고 열심히 공부하여 서울대학교 장학생이 되었다. 미술에 소질이 있던 아이라 계속 뒷바라지를 해주었다면 우리나라, 아니 세계적으로 유명한 미술가가 되었을까? 중학교 저학년 때 이미 전북의 별도 하나 따고 신문에 사진도 크게 나고 했던 아이였는데 예술은 길고 인생은 짧다고 했는데 너무 경제적 능력이 없다고 미리 겁먹고 회피만 한 것은 아니었을까?

작은딸이 전주여고에 입학을 한 2년 뒤 큰아들도 전주 서중학교로 전학을 와서 자식들 3명이 모여 자취를 했다. 난 군산에서 전주까지 반찬을 해서 나르느라 정신이 없었고, 큰딸은 고등학교 3학년 때부터 자취하면서 동생들 끼니를 책임졌다. 대학 졸업하자마자 큰딸이 인천으로 발령을 받아 서울로 올라간 동생들을 책임지는 생활이 계속 이어졌다. 따라서 나는 이제는 서울까지 반찬을 해서 나르게 되었다. 당시 아이들은 우스갯소리로 교통부 장관이 매번 서울에 올라다니시는 엄마에게 표창장을 주어야 한다고 말하곤 했다.

큰아들은 서울대학교 항공공학과를 졸업했다. 졸업 당시 공군에서 취업 제의가 있었는데 당시에는 무조건 회사에 취직하는 것만이 잘하는 것으로 생각했다. 인생을 길게 보고 새로운 길을 모색하며 바라보는 방법조차도 몰랐다. 나중에 서울대 대학원까지 다니는 것을 보면 성격적으로 회사원보다는 연구원이 더 적합하지 않았을까?

작은아들은 막내라고 유일하게 국립대학이 아닌 사립대학인 고려대학교를 다녔다. 성격이 자유분방하고 외국어를 전공해서 그런지, 아니면 없는 살림살이에 누나들과 시달리며 살아온 게 질려서인지 외국에 가서 살고 있다. 어디서든 건강하게 잘 살기만을 바랄 뿐이다.

오로지 자식들 교육을 위해서는 절약한다는 생각 때문에 자식들에게 뭐든 후하게 해주지도 못했지만, 나름 4남매가 부모의 뜻을 따라주고 잘 견뎌 준 덕분으로 현재가 있다고 생각한다. 지금 사람들은 한 번뿐인 인생인데 미래보다는 지금이 편하고 행복해야 한다며 참고 견디는 것은 절대 안 될 말이라고도 한다. 가치관은 계속 변하고 오랜 세월 살다 보니 흑백논리로 명확하게 무엇이 맞는 말인지 결론을 내기가 점점 힘들어진다. 하지만 기나긴 세월 참고 견디면서 살아온 4남매는 이젠 근심 걱정 없이 잘살아 주기만을 바란다.

# 탁구 교실

다사다난하던 젊은 시절은 세월 따라 흘러가 버리고 아이들은 갈 길 다 가니 두 내외만 덩그러니 남아서 마음이 허전한 생각으로 가득했다. 마침 2000년 노인복지관이 개관되어 다양한 프로그램이 운영되었는데 나는 탁구 교실을 다니기로 했다.

탁구는 학창 시절부터 배우고는 싶었다. 그 시절엔 탁구가 인기가 있어 누구나 하고 싶어서 학생들은 까마귀 떼처럼 모여 선수들이 연습하는 모습을 구경만 하고 있었을 뿐이다. 때마침 한 반 친구네 작은아버지가 서울에서 은행장으로 근무하셨는데 조카들을 위해 탁구대를 선물했다. 탁구에 대한 기초적인 배움도 없이 탁구대가 있는 친구 덕분에 똑딱 똑딱 운동 삼아 몇 번 즐기는 기회가 있었는데 재미있었다. 학교 졸업과 동시에 탁구대는 구경도 못 한 채 수십 년이 흘러 할머니가 되어서야 복지관 탁구대 앞에 서게 되었다.

탁구 교실은 지하실 좁은 공간에서 탁구대 한 대가 전부여서 초창기에는 어려움이 많았다. 내가 등록할 때 번호는 36번이었는데 탁구 교실은 인기가 좋아서 희망하는 사람이 많아지더니 비좁은 곳에서 고생한 보람으로 후관에 건물을 신축하여 탁구대가 4대나 있는 넓고 쾌적한 장소로 이사했다. 10여 년 세월이 흐르는 동안 탁구장에서 수용하는 인원수는 105명으로 늘어나고 아는 얼굴들이 늘어나며 언니, 동생들이 많아졌다. 서로 안부를 묻고 반기는 사람들과 즐겁게 운동하고 복지관에서 저렴한 가격에 점심을 같이 먹으면서 외롭고 허전했던 나날들을 차츰 벗어나게 되었다.

남편은 정년퇴임을 하더니 자격증을 따야겠다며 도서관으로 날마다 출근하면서 자정에 얼굴 보여 주는 생활을 하더니 드디어 목적을 달성했다. 오랜 세월 동안 도서관에만 앉아 생활해서 그런지 운동 부족으로 나보다 걸음걸이도 늦어 탁구실에 같이 다니기로 했다. 하지만 탁구동아리 반은 인기가 좋아서 너도나도 다니고 싶어 하기에 정원을 105명으로 정해놓고 결원이 생기면 보충하는 시스템으로 운영되기 때문에 신청서를 내놓고 기다려야만 한다. 기약할 수 없는 기일이라 탁구동아리 반이 끝나고 문 닫기 전 시간만을 이용해 남편과 같이 탁구를 하며 기다렸다. 1년의 세월이 흐른 후 드디어 남편이 탁구동아리 반이 되었다.

남편이 복지관 탁구동아리 회원으로 같이 등록되니 아주 좋다. 항상 복지관에 같이 가고 같이 점심을 해결하고 우리 둘이 한 조가 되어 게임을 할 수가 있어 다른 사람에게 같이 치자고 어려운 부탁할 필요가 없다. 세트로 항상 같이 다니니 동아리 언니, 동생들도 컴퓨터를 배우러 간 남편이 안 보이면 남편은 어디 두고 혼자냐며 안부를 묻는다. 어느덧 20여 년 함께한 동아리 회원들은 우리가 나이가 많은데도 빠짐없이 열심히 나오는 모습이 보기 좋다며 때로는 미안하게도 먼저 하라고 탁구대를 양보하기도 한다.

세월이 흐르는 동안 팔순 생일도 결혼 육십 주년 기념도 모

부부가 탁구하는 모습(단식)

두 탁구동아리 회원들과 함께했다. 남편이 탁구 교실을 좋아하여 하루도 빠짐없이 참석하여 탁구를 즐기는 이유는 아마도 내가 막내라서 형부라 불러 주는 이가 없는데, 젊은 동생들이 형부라 불어주니 더 즐거운 모양이다. 우리 회원들은 서로가 오래 같이 보낸 세월로 인한 끈끈한 정이 저절로 스며들었던 것 같다.

하지만 어느 날 갑자기 예상치 못한 코로나19라는 전염병이 들어와서 복지관은 문을 닫고 늙은 우리는 오도 가지도 못하는 세상이 되었다. 노인들에게는 특히 더 치명적이라는 그 무서운 전염병은 3년이란 세월이 흘러간 후에도 물러나지 않고 기승을 부리고 있다. 최근 들어 복지관 문은 열어놓고 있는데 탁구장 기존 회원들은 나이가 많아 코로나19가 무서워 그런지 잘 나오지 않고 외부 사람들만 북새통을 이루고 있다. 분위기가 새롭고 외부인들은 대부분 젊어 실력 좋은 분들이어서 기존 동아리 반 친구들은 주로 구경만 하고 있다.

동아리 반 운영상 새 회장을 뽑고, 조사 결과 14명이나 결원이 생겨서 추가 모집한다고 시끌벅적하다. 탁구동아리 반 들어오기가 어려워 빈자리가 없어서 1년이나 기다리던 때가 엊그제 같은데 새삼 격세지감이다. 전염병이 탁구반의 분위기도 다르게 만드는 것을 보니 전염병이 무섭다는 걸 느낄 수 있다.

노인이 되어 나이 먹으면 언젠가는 가야 한다는 걸 마음속에 간직하고 있으면서 정돈하는 마음으로 살고 있지만 20여 년 세월을 같이했던 회원들이 3년을 버티지 못하고 대부분 얼굴을 볼 수 없다니……. 새롭고 젊은 분위기를 고맙게 받아들이지만, 한편으로는 세월이 무심하고 너무도 허무하다.

하지만 끈끈한 정으로 뭉쳐진 동아리 반이 있었기에 우리가 나이를 잊고 탁구를 즐겁게 할 수 있었다고 생각하며 새로운 젊은 분위기의 동아리 반에도 잘 적응하려 노력해야겠다. 복지관이 문을 닫고 집에 있을 때 아픈 곳만 생기고 종일 늘어져 있던 경험을 거울삼아 몸을 움직일 수 있을 때까지는 열심히 탁구반에 계속 나갈 것을 결심하며 오늘도 탁구를 즐겁게 할 것을 다짐한다.

탁구부 회원과 저자 부부(복식)

# 가을 나들이

3년이란 세월을 코로나19 때문에 가족 간에도 만나는 것을 조심조심하고 살다가 구불길의 회원님들과 모처럼 가을 나들이를 하였다. 최근 날씨가 아침저녁으로 춥고 낮에는 더위가 느껴지는데, 오늘은 날씨마저 오랜만에 만난 우리를 축복하듯 온화하게 감싸준다. 맑고 푸른 하늘로 인해 더욱 청명하게만 느껴진다.

한 가정의 주부로 4남매 어머니로서 자식들 먹이고 입히고 가르치느라 뒤돌아볼 새도 없이 정신없이 살다 보니 자식들은 다 제 갈 길 가고 나이만 먹은 늙은 할머니가 되었다. 복지관프로그램에서 훌륭한 선생님을 만나 강의에 푹 빠져서 나이도 잊고 글쓰기 매력에 빠졌다. 학창 시절에 시 한 편씩을 칠판에다 적어 놓으시고 외우라고 하시던 선생님 덕분에 칠십 년이란 세월이 넘었는데도 기억나 외우는 시는 있지만, 처음 접하는 수필은 너무도 어려웠다.

수필을 어찌 써야 하는지도 문제였지만, 예전에 배워서 알고 있던 문법과 맞춤법은 지금의 것과 너무도 다르고 차이가 나서 새로 배우려니 힘이 들었다. 구불길 2호 책을 발간한다고 하기에 난생처음으로「결혼 육십 년 고개를 넘으면서」란 제목으로 수필을 써서 제출했다. 선생님께서는 "자녀 중에 문학을 하는 이가 있냐?"고 물으셨다. 공교롭게도 자식들은 물론이고 사위, 며느리까지도 문학은커녕 국문과 나온 사람도 없다.

그래서일까 선생님께서는 그 이후로 글을 써서 제출하면 무조건 맞춤법도 모두 고쳐주시고 더 자세히 지도해 주셨다. 하지만 늙어서 새로운 것을 배워서인지 머리에 입력이 되지 않고 잃어버리기 다반사다.

하지만 선생님의 성실하고 꾸준한 지도 덕분으로 부족하고 모자란 내가 수필가로 등단하게 되었다. 등단했으니 수업을 통해 더 많이 배워야 하지만 코로나19로 인해 복지관이 문을 닫고 선생님도 뵐 수가 없었다. 복지관 문 열기만 한없이 기다리고 있던 어느 날 드디어 문을 열었다. 다른 부서들은 수업하고 있는데 구불길만 날이 가고 달이 가도 소식 없더니 다른 프로그램이 그 자리에서 진행되고 있다.

선생님은 복지관을 그만두셨단다. 성심성의껏 지도해 주셨는데 찾아뵙지도 못한 미안한 마음이 가슴을 짓눌렀다. 코로나로 이러지도 못하고 저러지도 못하고 복잡한 마음으로 하루하루를 보냈다.

마침 전임 구불길 회장님이 전화하셨다. 오랜만에 구불길에서 하루 가을 나들이를 하니 참석하라는 내용이었다. 구불길 회원들도 보고 싶었는데 드디어 기다리고 기다렸던 만남의 날이 다가왔다. 뜻밖에도 열심히 우리를 지도해 주셨던 선생님도 참석하셨다. 모두 3년 만의 만남이라 얼마나 반가운지 마치 이산가족을 만난 것처럼 즐거웠다.

이러한 모임을 주선한 임원들의 환대에 감사하고, 초대해 주어서 고맙고 '지척이 천 리'라더니 이렇게 가까운 곳에 이런 멋진 유적지가 있었는데 모르고 있었다는 점도 신기한 느낌이 들었다. 가을은 국화의 계절이라고 형형색색 피어 서로의 자태를 뽐내며 아름다운 국화 축제 역시 좋았고 이러한 멋진 광경을 관람하여 정말 즐거운 하루였다. 무엇보다 보고 싶었던 선생님을 뵙고 말씀을 나눌 수 있어 더욱 즐거웠다. 같

비단길 따라 가을을 품다
(전라북도 익산시 금강변 일원)

이 모여서 글공부하고 서로 글을 써서 읽어보던 그때가 생각나고 흘러간 그 시절은 다시 돌아오지 않는다는 현실도 자각하던 시간이 되었다. 3년이란 시간이 흘렀지만 서로 만나는 자리를 마련해 회포를 풀게 해준 임원들의 호의에 감사하며 오늘의 모임에 참여하신 분들 오늘도 내일도 모두 건강하시길 기원해 본다.

# 86세의 기적

우리가 젊었던 70여 년 전 그 시절엔 법정대학을 졸업한 대부분 학생은 취업보다는 고시 공부에 매달렸다. 합격한다는 보장은 없지만 나도 될 수 있다는 희망 한 줄기에 목표를 걸고 막연한 세월을 보내는 청년들이 많았다. 남편도 그중 한 명에 해당했다.

세월은 시험공부와 함께 속절없이 흘러 27세가 되었고, 당시에 노총각 소리를 면하고자 결혼을 하였다. 남편은 이후에도 고시 공부를 계속했으나 늘어만 가는 가족들의 생계 때문에 공무원 시험을 보았다. 바로 합격하여 34세 나이에 직장인이 되었지만, 마음에 품고 있던 뜻을 버리지 않고 낮에는 공무원, 밤에는 고시생이 되었다. 아침 8시에 직장으로 출근하면 저녁 12시에 도서관에서 퇴근하는 생활이 반복되었다.

직장생활을 열심히 하고 공부를 계속했기 때문인지 42세라는 나이에 남들보다 먼저 사무관이 되었다. 대학 졸업반 시절부터 따라다닌 고시생 꼬리표는 그날로 물거품처럼 사라졌다. 면서기로부터 시작한 공무원 생활은 승진하기가 너무 어려워서 면사무소에서 정년하거나 잘하면 동장을 하고, 정년하는 사람도 많은데 천만다행이며 꿈만 같았다. 아마도 어렵게 이중생활을 계속한 피나는 노력 대가일 것이다.

시험지옥에서 벗어나 이제는 고생 끝이라고 생각했는데 정년퇴임이 다가오니 고시보다도 어렵다는 공인중개사 시험을 본다고 한다. 도전정신은 추앙할 만한 일이지만 그동안 고생했던 고시 생활을 까맣게 잊고 어찌 시작하겠다고 하는지? 누구에게 하소연도 못 하고 25년이라는 세월을 보내고 나서 드디어 신랑은 86세라는 나이에 합격했다.

중개사란 직업은 젊어서부터 터줏대감처럼 하던 분도 몇 집만 건너면 있는 간판 때문에 일이 없어서 그만두는 실정이다. 직장만 다니고 도서관만 다니던 80세 넘은 노인네가 무슨 경험으로 젊은이들의 틈에 끼여 중개 일을 어떻게 한다는 것인지 아무리 생각해도 아닌 것 같아서 말리느라 진땀을 빼고 있다. 마음으로는 그동안 고생하고 취득한 자격증이 아까워 경험 삼아 해봤으면 싶지만, 그러기에는 너무 나이가 많고 뒤를 이을 만한 후계자도 없고 모든 여건이 맞지 않아 갑을 논하고 있다.

건강을 위해 복지관이나 다니면서 운동이나 하자고 했더니 본래 운동에 소질이 있었던지라 신나게 다니고 있다. 탁구실에서 보는 사람마다 자세가 좋다고 찬사를 하니 고기가 물을 만나듯 고된 줄도 모르고 탁구를 하며 즐거운 나날을 보내고 있다. 복지관이라는 쉼터에서 우리 부부는 황혼기를 잘 보내는 것 같다. 나 역시 구불길이란 문예반에서 훌륭한 선생님 강의를 들으면서 소녀 시절의 꿈에 한 걸음 더 다가가게 되었다.

당시 나는 엄중하신 아버님을 설득한 작은오빠의 도움으로 간신히 상급학교에 입학할 수 있었다. 시골에서 여자는 소학교만 졸업해도 다행이었다. 운이 좋았던 여고 시절,

1학년 때 우리를 담당했던 국어 선생님이 「한국인」 이란 소설로 입선을 하여 문학에 소질 있는 학생들은 너도나도 즐거운 분위기 공부를 하였다.

문학 분위기에 젖어 살다 학교를 졸업하자마자 시부모 내외분, 큰동서 내외분, 조카 5남매, 머슴들까지 대식구가 같이 사는 집 며느리가 되었다. 작은오빠 집에서 6년을 하숙생처럼 살았기 때문에 집안일이나 가정생활에 아무런 준비가 되지 않아서 하루에도 12번씩 결혼시킨 오빠와 어머니를 원망했다. 신랑은 신혼도 없이 고시 공부한다고 절에 가 있었고, 혹시 부모님에게 누가 될까 봐 누구에게 하소연도 못 하고 참고 참으며 견딜 수밖에 없었다. 어느덧 60여 년이란 결혼생활이 흐르고 할머니가 되어버려 학창 시절의 꿈은 다 잊고 살았다. 하지만 문예반 선생님의 지도로 맞춤법도 틀리고 글도 잘 써지지도 않지만 살아온 세월에 대해 뭔가를 쓰고 싶다는 갈망이 불타올랐다. 드디어 구불길 지도 선생님의 배려로 86세라는 나이에 작가라는 이름을 얻게 되었다.

4년 전에 남편은 86세에 최고령으로 공인중개사 자격증을 취득했는데 부부가 같은 나이에 이러한 기적이 일어난 것이다. 64년 전 어머님 말씀이 생각난다. 우리가 서로 만나 결혼을 하게 된 동기는 작은오빠 때문이다. 오빠가 부안군청에 계셨고 총각네 형님이 행안면사무소에 계셨는데 두 분이 만나서 농촌 시찰을 하게 되었다. 시찰을 마치고 총각네 집을 방문하게 되었는데 절에서 공부하다가 집에 다니러 온 동생이라고 신랑을 소개받은 것이다. 고시 공부를 오빠는 마음에 두었다가 어머님께 말씀드리니 "4살 차이는 궁합 볼 것도 없다더라." 하면서 승낙하여 선을 본 지 3개월 만에 결혼식을 하게 된 것이다.

최고령이지만 신랑도 뜻을 이루고 나도 늦게나마 작가라는 이름을 얻게 되고 보니 도움을 주신 분들이 생각난다. 문학에 대한 꿈을 꾸게 해주셨던 학창 시절, 국어 선생님은 이젠 뵐 수도 없는 고인이 되어 죄송한 마음뿐이다.

지금도 무조건 부족한 글을 고쳐주고 계신 구불길 문예반 선생님은 언제나 든든한 나의 버팀목이다. 소중한 작가란 이름을 달도록 해주셨는데 보답하는 길은 부지런히 글을 쓰는 것뿐으로 게을러지려는 마음을 오늘도 다듬게 하시는 분이다.

날 학교에 보내기 위해 누구보다도 엄한 아버지를 설득하느라 힘들었고, 또 중고등학교 6년이나 부모님 대신 보살피느라 노심초사 고생하신 우리 작은오빠! 좋은 학창 시절이 있었기에 늘그막에 작가라는 이름을 얻게 되었는데 살아 계셨으면 얼마나 좋아하셨을까? 그 모습이 너무 보고 싶다.

# 어머니의 지혜

가을 끝자락 김장철이 다가와서인지 오늘따라 갑자기 어머니가 생각나는 밤이다. 어머니는 일 년에 한 번은 꼭 젓국을 달이셨다. 대한민국 주부라면 해야 하는 행사라면서 온 집안에 짭조름한 냄새를 풍기며 다른 집에서는 하지 않는 방법으로 젓국을 만드시느라 분주했다.

당시 우리 집은 농사를 짓는 시골이라 모내기며 김매기 등 모든 일을 할 때는 일꾼들을 동원해야 했고, 어머니는 매번 점심을 차려야 했다. 주로 생선이 반찬으로 상에 자주 올라왔는데 어머니는 생선을 많이 사서 손질을 할 때 머리와 꼬리를 잘라 버리지 않고 소금에 절여서 장독대 단지에 담아 놓았다.

어린 시절 장독대를 보면 크고 작은 단지가 나란히 정돈되어 반작반작 빛나고 있어 저 속에는 무엇이 있을까 몹시 궁금

했다. 한 번은 호기심에 장독 단지 뚜껑을 열어보았다. 고추장 단지, 된장 단지, 소금 단지, 간장 단지는 너무도 커서 열어볼 수도 없었다. 그 앞에 있는 생선 머리와 꼬리를 모아 절여 놓은 작은 단지는 대나무 잎으로 덮어서 돌로 눌러 놓아 쉽게 열어 볼 수 있었다. 여러 종류의 생선 절인 단지가 있었고, 아직 소금이 녹지 않은 단지도 있었다.

매해 김장철이 돌아오면 어머니는 그해에 소금에 절여 모아두었던 생선으로 만든 젓국으로 김장을 하셨다. 김치 맛을 본 사람들은 맛있다고 어떻게 담근 김치냐고 물어보는 이들이 많았다. 어두육미라더니 그 속담이 공연히 나온 말이 아닌 것 같다. 사실 생선 머리와 꼬리가 모두 들어간 젓국이지만. 옆집에서 우리 집 젓국 달이는 날 냄새가 나면 찾아와서 버리려 받쳐놓은 생선 건더기를 가져간 적도 있다. 지금 생각해 보면 논도 밭도 없는 분이셨다.

김장을 앞두고 젓국부터 달이는 어머니를 보고 자란 나는 어느 집에서나 이렇게 김장하는 줄 알았다. 결혼해서 시댁에서 김장하는 것을 보니 젓갈을 따로 사거나 젓거리를 사서 젓을 담가 김장을 한다. 우리 어머니는 1년 내내 버려지는 생선을 모두 모아서 살림에 보탬이 되게 했구나. 티끌 모아 태산이라더니 주부의 지혜가 그 집안을 흥하게 한다는 걸 깨달았다. 어머님 세대는 일제시대로 농사지어 놓으면 이리 뺏어 가고 저리 빼앗아 가서 조금이라도 숨기려 이리 감추고 저리 감추어도 결국에는 모두 잘도 찾아 뺏기고 그 허탈해하던 부모님 모습들이 눈에 선하다. 내 나이 10세에 해방이 되었으니 어렸지만, 그런 일들이 있을 때마다 얼마나 마음이 아팠는지 지금도 그 기억이 생생하다.

그런 어려운 환경에서도 우리 5남매는 어머님의 절약 정신을 본받아 모두 나름대로 실천하고 살았다. 나는 4남매를 데리고 이리저리 이사 다니면서도 장독들을 가지고 다녔다. 김장은 해야 하니까. 어머니에게 보고 배운 절약으로 그것을 생활에서 실천하고 살았다. 우리 아이들도 호강 한번 못 해보고 짠순이 엄마에게 태어나서 절약만이 살길이라는 신조하에서 고생하며 살았다. 요즈음은 소비하는 것이 경제를 돌아가게 하는 일이라는데 절약만 해야 한다는 것은 구시대적인 발상인지도 모르겠다.

지금은 사계절 무, 배추를 파는 시절인데도 김장은 없어지지 않고 있다. 오히려 김치냉장고가 있기에 배추나 무가 많이 생산되는 시기에 종류별로 담가 놓으면 일년내내 여러 종류의 김치를 언제든 먹을 수 있으니 주부들이 편리한 세상이다. 코로나 전만 해도 딸아이와 우리 집에서 같이 김장했었다. 친구들에게 나이가 많은 어머니가 아직 김장해 주는 것이 무슨 일이냐며 너무했다고 야단 들었다면서 딸이 김장한단다. 준비해 두었던 고춧가루, 젓국, 마늘을 모두 가지고 가더니 환갑 진갑 다 넘은 딸이 처음으로 혼자서 김장했단다. 덕분에 여든여섯 번째 고개를 넘으면서 김장은 졸업했다.

올해엔 옥상에다 무를 좀 심어서 찬바람이 불기에 뽑아서 혼자서 김치를 담갔더니 허리, 다리가 얼마나 아프던지…. 다른 때는 좀 아파도 며칠 쉬고 나면 괜찮아지더니 이번에는 일주일이 되고 2주일 되어도 나아지지 않는 걸 보면 너무 오래 사는 대가인 것 같다. 자식들의 짐이 되기 싫은데 몸이 따라주지 않으니 어이할꼬? 지혜로웠던 어머니가 많이 보고 싶다.

# 노인이 되기까지

어느 시골 마을의 노부모님 막내딸로 태어나 식구들의 온갖 사랑을 받으며 어리광만 부리다가 10세에 초등학교를 입학했다. 고등학교를 졸업하고 나니 22세가 되었다. 당시에는 여자 나이 20세라면 노처녀란 별칭이 붙여지는데 노부모님 입장에선 딸이 노처녀가 부담스러운지 졸업하자마자 결혼을 서두르는 바람에 나보다 12살 위인 오빠는 신랑감을 찾느라 힘드셨다.

여학교 입학 때에도 여자가 초등학교 다녔으면 그만이지 무슨 상급학교냐고 진학을 반대하시는 완고한 아버지 앞에 오빠는 석고대죄하면서 허락을 받아 냈다. 어렵게 받아 낸 동생의 학업 책임 완수하느라 6년 동안을 데리고 있으면서 고생했으면서 결혼까지도 책임지려 신랑감을 많이 물색하였다고 한다. 시골에서 착실히 고시 공부한다는 말만 듣고 당신이 이루지 못한 꿈을 매제라도 이루었으면 하는 마음에서 동생의 배우자를 선택한 모양이다.

자라온 집을 떠나 오빠 신혼집에서 여학교 6년 동안을 학교만 다니다가 신부가 될 아무런 마음의 준비도 없이 농사짓는 시골로 시집을 와보니 신랑은 공부한다고 절에 가 있고 시집 식구들과 같이 살아야만 했다. 시골에선 부지런하고 일 잘하는 며느리를 환영하는데 일하고는 거리가 먼 사람이라 참으로 어려운 삶이 갑자기 시작되었다.

어느덧 세월은 흘러 시댁에서 분가하고, 식구는 많아졌는데 신혼 초처럼 신랑이 계속 시험공부만 하는 이대로 상황은 아닌 것 같아서 공무원 시험을 보라고 권했다. 8년이란 세월을 떨어지는 장면만 보여준 것이 마음에 걸렸던지 바로 시험에 응시하더니 합격하고 어엿한 공무원이 되었다. 하지만 신랑은 학교 때부터 꿈이었던 고시 공부는 버릴 수가 없었는지 낮에는 공무원으로 직무를 수행하면서 밤에는 고시 공부를 하는 수험생 생활을 계속했다.

신랑이 두 가지를 병행하니 아이들 학업이 어떻게 되든지 말든지 집안 살림이 어떻게 돌아가는지 아무런 관심도 가지지 않는 생활이 계속되고 반면에 나의 역할은 커지기만 했다. 다행히 신랑은 직장생활을 더 열심히 했는지 사무관이 먼저 되어 시험공부 미련은 버리고 공무원으로 근무하고 정년퇴임을 했다.

이제는 대낮에도 얼굴 볼 수 있겠다 기대했더니 무슨 자격시험에 도전하겠다고 도서관만 다니느라 직장생활 할 때와 똑같은 생활의 반복이다. 정년을 하게 되면 외롭고 힘들었던 혼자만의 시간이 끝날 것으로 생각했지만, 나만의 착각이었다. 결혼 생활 시작과 동시에 신혼생활도 없이 오로지 시험공부를 위해 질에 가너니……. 술 먹고 주정 안 부리고, 놀음 안 하고 그저 공부한다는데 시험지옥이면 어떠냐? 내 팔자려니 하고 마음을 다잡고 다스리며 사노라니 남편은 86세라는 초고령 나이에 자격시험에 합격했다.

다음날부터 도서관만 다니던 남편 몸 건강을 위해 복지관 탁구실로 데리고 가서 같이 운동하며 구불길 문예반에서 훌륭한 선생님의 지도를 받아 글쓰기 공부를 시작했다. 여고 시절 국어 선생님은 「한국인」 이란 소설로 특선을 하여 학교 전체가 떠들썩한 축제 분위기였다. 선생님은 칠판에다 시 한 편씩 적어놓으시며 외우라고 하면 다른 수업은 뒤로한 채 짝과 나란히 앉아 의견 나누면서 시도 써보고 즐겁게 즐기는 국어 시간이 가장 좋았다.

졸업과 동시에 결혼하고 사는데 바쁘다고 잡지 한 권, 신문 한 장 구경도 못 한 채 나이만 잔뜩 먹은 할머니가 되었지만, 복지관 구불길에서 글공부를 하게 되니 나이를 잊게 되었다. 훌륭한 선생님의 지도를 받아 글공부하다 보니 모든 것이 서툰 노인이지만 소중한 작가라는 이름을 얻게 되었다. 하지만 코로나19라는 전염병 때문에 복지관이 문을 닫고 격리되어야만 하는 신세가 되어 전염병이 없어지기만을 기다리다 세월만 속절없이 지나게 되었다. 다행히 가을 나들이 기회를 통해서 다시 글공부할 기회가 주어져 너무도 기쁘고, 감사하다.

행동이 한없이 느리고 맞춤법도 잘 모르고 현대적인 표현도 잘못하는 노인이 되었지만, 나이에 상관없이 좋아하는 글쓰기를 계속할 수 있도록 더 배우고 열심히 글을 쓰겠다고 오늘도 굳게 다짐해 본다.

## 코로나19

코로나19 때문에 창살 없는 감옥 속에 갇혀 사는 삶이 한심하다. 언제 끝이 날지 모르는 막연한 기다림이 너무나 답답하고 화가 난다. 복지관이란 쉼터가 낙원인 것을 절실하게 느낀다. 자고 일어나면 갈 곳이 있다는 사실이 우리 노인들 건강에 도움이 되는 것을 깨닫는다. 사람들이 많이 모이는 곳이나 밀폐된 장소를 피해야 한다고 하니 저항력이 약한 노인인 우리는 어디도 갈 곳이 없다. 빨리 해소되어 친구들도 만나고 탁구, 고전무용 등을 하러 복지관에 달려가고 싶다.

예고 없이 불어 닥친 코로나19인지라 매일 시장이나 마트를 가지 않고 먹고사는 것이 큰 문제인 것 같다. 우리는 다행히 사위가 쌀 몇 포대를 짊어져다 줘 양식 걱정은 한동안 안

해도 되었다. 반찬은 옥상 작은 텃밭에 작년 김장 때 남겨 놓았던 못난이 배추가 있어 걱정이 없다. "춘삼월에 장독 깬다."는 속담을 연상하면서 아침저녁으로 덮어 주고 열어주고 정성을 다했더니 얼지 않고 잘 자라서 봄배추로 요긴하게 요리해 먹고 산다.

배추겉절이, 배추된장국, 배추보쌈, 배추부침 등 식사 때마다 색다른 반찬으로 코로나19에 대처하며 저항력을 높이는 봄맞이 요리를 한다. 특히 배추보쌈에는 매실장아찌, 양파장아찌, 깻잎장아찌, 고춧잎장아찌, 멸치조림 등을 싸서 먹으면 고루 먹을 수가 있어 영양 만점 유기농 식사가 된다. 작년 가을에 옥상 텃밭에서 자란 채소들로 여러 장아찌를 만들어 놓았더니 이 어려운 비상시에 사람 많이 모이는 시장에 안 가고도 견딜 수 있다. 사람이 죽으란 법은 없나 보다.

문제는 봄이 되고 기온이 높아지면 코로나 사태가 자연히 해결될 줄 알고 있었는데, 우리나라보다 열대지방인 동남아도 코로나19가 번지고 있다는 소식을 들으니 그것도 아닌 것 같아 답답하기만 하다. 어느 날 갑자기 남편은 커다란 널판

자를 거실에 갖다 놓고 탁구를 하자고 한다. 둘이서 마주 앉아 공을 주고받고 하는데 그것도 운동이라고 무료하게 있는 것보다는 좋다는 생각에 매일 계속 탁구 놀이를 하고 있다.

살기 편한 아파트 사는 친구를 부러워하였는데 코로나19 같은 비상시에는 소음으로 인한 아래층 위층 눈치 볼 일 없이 운동할 수 있는 곳에서 산다는 데 감사하고 있다. 또한 오래도록 방안에 답답하면 옥상에 올라가 몇 바퀴를 돌고 나면 마음이 풀리며, 햇살이 비치면 따뜻하고 햇볕 소독이 되는 것 같아 좋다. 파릇파릇하게 자라나는 대파, 마늘, 부추, 양배추 등 지난해 겨울은 춥지 않아서 더 잘 자라고 있는 채소를 보면서 기다려 보련다.

코로나19 일들로 인해 마음대로 움직이지 못하는 생활을 하다 보니 평소에 그저 평범했던 일들이 새삼 좋았다는 생각이 든다. 비록 사소하고 어설픈 일들일망정 자유롭게 즐기고 함께 어울릴 수 있다는 것이 얼마나 큰 복이었던가 싶다.

또한 이 어려운 시국을 다스려 보려고 애쓰는 분들의 노고와 작은 힘이나마 보태려고 봉사하는 사람들의 마음이 아름답기 그지없다. 그런 분들이 존재하는 한 우리나라는 무너지지 않을 것이고 나 또한 이 나라의 한 사람이라는 사실이 자랑스럽다.

한편, 경제는 파탄지경으로 위태로운 위기인데 정치지도자들의 행태가 한심하다. 코로나19가 사라지지 않아 불안과 공포에 있는 이 시기에 선거철이 되었다고 후보들 하는 소리는 국민을 위한 머슴살이를 하겠다는 말은 없고, 소위 지도자가 되겠다는 입에서 현 정부를 무너뜨리겠다는 막말을 연발하면서 불안을 더 조성하고 있다. 하지만 우리 국민 모두는 한마음으로 모두 뭉쳐서 현명하게 이 고난을 잘 이겨내리라고 믿고 있다.

사람들은 코로나19 사태로 먹고사는 것도 어려워졌지만, 자연은 어김없이 올해도 산수유와 매화를 만발하게 하는 봄이 왔다. 우리도 지금은 어렵고 힘들지만, 서로가 조금씩 양보하고 참고 견디다 보면, 어느 날인가는 자유롭게 복지관에 가서 반가운 얼굴들과 만나서 행복한 시간 들을 같이 보낼 날이 꼭 올 것이다.

# 5부

# 시

군산의 보금자리
우리 집 우편함
허물어진 우편함

## 군산의 보금자리

짭쪼름한 냄새는
알게 모르게 우리의 건강을
유지시키는 것 같고

월명산 한 바퀴는
체력의 원동력인 듯
나이 한 살을 더 먹어도

사람들은 그 모습 그대로
등산로는 그 모습 그대로
길은 가득 그 모습 그대로

군산에 처음 와 보는
친구들에게 보여 주는 곳
가는 곳마다 환호성

월명산, 은적사, 선유도
보여 주는 곳마다 찬사로
입을 다물 줄 모르고

보았노라! 느꼈노라!
군산의 보금자리
군산의 자연을.

# 우리 집 우편함

비록 모양새는 크지 않지만
비록 낡아서 볼품은 없지만

그 안에 내용물은 값진 거였네
그 안에 내용물은 알찬 거였네

날마다 신문지가 꽂혀 있고요
가끔은 청첩장도 들어 있고요

어느 날은 전북대학 성적표가 들어 있더니
어느 날은 서울대학 성적표가 꽂혀 있데요
어느 날은 고려대학 성적표가 담아있기에

언제나 정겹고 행복한

설레던 희망을 담고 있던

오래된 우리 집 우편함.

# 허물어진 우편함

오래된 우편함은 볼품은 없지만
나에게는 소중한 존재였네
세월 따라 소식도 달라지더니

딸이 남편 따라 6년이란 세월을
외국에서 보내온 소식을
피눈물 흘리며 우편함 앞에서
보고파 울고 우편함 앞에서

그 자체만도 모자라서 아들마저도
타국 생활만 고집하고 있으니
자식들 힘들게 가르쳐봤자

품안의 자식이라더니

시대의 변화라 하지만

나이 들어 생각하기엔 허전한
왜 우편함이 생각나는지
국제전화면 그만인걸.

흘러간 세월이 아쉬운가 보다
달라지는 모습들이 아쉬운가 보다.

|발문|

# 묵묵히 걷는 열정의 일생
## -강이례 수필에 부쳐

최성철(수필가)

〈발문〉

# 묵묵히 걷는 열정의 일생

## –강이례 수필에 부쳐

**최성철**(수필가)

수필을 자기 고백의 글이요, 체험과 경험의 글이라 한다. 그러면서도 글 속에 메시지가 담겨야 하고 형상화를 원한다. 이에 반해 강이례 수필가의 글은 자서전 형식이지만 그 내용이 진솔하기에 생명력이 있고 친밀감을 느끼게 한다.

현재 91세의 남편과 87세의 강이례 수필가는 글 첫머리를 "우리"라는 글로 시작한다. 남편은 86세에 전국 최고령 공인중개사 합격자가 되었고 아내는 86세에 문단에 등단했다. 부부는 이 정도면 남들이 쉽게 겪어보지 못한 삶을 현재 진행형으로 살아오고 있다. 이는 천생연분이요, 부창부수, 금슬상화다.

세월은 시험공부와 함께 속절없이 흘러 27세가 되었고 당시에 노총각 소리를 면하고자 결혼을 하였다. 신랑은 이후에도 고시 공부를 계속했으나 늘어만 가는 가족들의 생계 때문에 공무원 시험을 보았다. 바로 합격하여 34세 나이에 직장인이 되었지만, 마음에 품고 있던 뜻을 버리지 않고 낮에는 공무원 밤에는 고시생이 되었다. 아침 8시에 직장으로 출근하면 저녁 12시에 도서관에서 퇴근하는 생활이 반복되었다.(중략)

4년 전에 남편은 86세에 최고령으로 공인중개사 자격증을 취득했는데 부부가 같은 나이에 이러한 기적이 일어난 것이다. 최고령이지만 신랑도 뜻을 이루고 나도 늦게나마 작가라는 이름을 얻게 되고 보니 도움을 주신 분들이 생각난다. 문학에 대한 꿈을 꾸게 해주셨던 학창 시절 국어 선생님은 이젠 뵐 수도 없는 고인 되어 죄송한 마음뿐이다.(중략)

어느덧 60여 년이란 결혼생활이 흐르고 할머니가 되어버려 학창 시절의 꿈은 다 잊고 살았다. 하지만 문예반 선생님의 지도로 맞춤법도 틀리고 글도 잘 써지지도 않지만 살아 온 세월에 대해 뭔가를 쓰고 싶다는 갈망이 불타올랐다. 드디어 구불길 지도 선생님의 배려로 86세라는 나이에 작가라는 이름을 얻게 되었다.

—「86세의 기적」

친구란, 진정한 우정이란 무엇인가? 작가는 어느 날 갑자기 꿈 많던 학창 시절 내 짝이 생각나더니 동지섣달 긴긴밤 동이 트는 줄도 모르고 그리워하다가 뜬눈으로 날을 지새우고 말았다고 고백한다.

나와 내 짝은 시간 가는 줄도 모르고 수많은 다른 수업들은 뒤로한 채 선생님께서 소개한 시 문장을 토론하고 써보고 음미하면서 외우기 바빴다. (중략)

한데 옛 내 짝은 소문에 의하면 결혼한 지 얼마 되지 않아 자살했다고 하는데 자세한 내용은 알 길이 없다. 내 짝이 살아 있었다면 감수성도 풍부하고 글 솜씨도 뛰어나서 아마도 먼저 문인이 되어 우리의 만남이 빛이 났을 텐데. (중략)

학교를 갓 졸업하고 신부가 되어 시댁 식구들과 호흡 맞추어 살아내는 것이 얼마나 어려워 그런 선택을 했을까? 연락해볼 길이 없는 친구를 잃어버리고 그리워하는 이 마음을 어이할꼬.

—「반 짝꿍」

작가는 복지관에서 남은 인생을 즐기고 있는 80대 중반의 할머니이다. 탁구 동아리에 등록을 하고 탁구를 치면서 친구들도 사귀고 운동도 할 수 있어 일석이조의 즐거운 시간을 보내는데 노년에 건강한 생활을 유지할 수 있는 계기가 되었다 한다. 나아가 탁구 동아리 소속으로 경로 식당에서 배식 봉사는 복지관이 개관하면서 현재까지 19년 동안 꾸준히 아직도 계속 봉사 중이라 한다. 감동 이전에 작가의 삶에 대한 성실성과 끈질김이 놀라울 뿐이다.

> 노인 복지관은 우리 노부부가 같은 탁구 취미활동을 할 수 있고 서로의 건강도 챙길 수 있어 좋지만 주부 입장인 나에겐 더 좋은 점도 있다. 매일 점심을 둘이서 복지관에서 사 먹거나 특별한 날은 친구들과 같이 외식을 한다는 점이다. 우리 노부부는 자동으로 잉꼬부부가 되어 식당에 가도 영양사며 배식 당번들까지도 챙긴다. (중략) 정년퇴임 후 외식이란 없이 3식을 준비하느라 매일 분주했던 나는 해방이다. 이 얼마나 간편한 가정생활이 되었는지 시대의 변천에도 감사하고 나는 노인 복지관 예찬론자가 되지 않을 수 가 없다.
>
> —「노인 복지관이란 쉼터에서」

대가족에서 핵가족 제도로 시대가 바뀌면서 혈육의 정은

예전만은 못하나 작가는 아직도 지나 온 긴 세월 속에서 한시도 잊지 않고 혈육의 정을 그리워한다.

추석이 가까이 다가오니 오빠 생각이 더 나는 밤이다. 무엇이 그렇게도 바빠서 일찍 세상을 떠나셨는지 오빠란 단어만 들어도 마음이 아프다. 오빠 은혜를 생각하면 제사 때만이라도 꼭 참석하고 싶었지만, 직장 생활하는 질부가 신경 쓰고 힘들까 봐 참석은 못 하고 늘 마음으로만 그날을 기리고 지냈었다. (중략)

오빠에게는 매번 받기만 한 동생으로 평생을 살았다. 은혜를 갚을 기회도 주지 않고 아쉽게도 이 세상을 빨리 떠나신 오빠! 살아보니 부모님께 효도하고 은혜를 갚으려 하면 이미 부모님은 계시지 않는다는 옛말이 틀린 말이 아니다. 투박하지만 정성과 솜씨를 부려 손으로 털실 옷이라도 만들어 드렸다면, 오빠는 아주 좋아하시며 추울 때마다 따뜻하게 입으셨을 텐데. 지나고 보면 후회만 남는다. 앞으로 남은 생도 오빠의 바람처럼 잘 살아야겠다고 다짐하면서 오늘도 오빠 생각에 밤잠이 오지 않는다.

—「성묘」

작가는 작품에서 '반짝꿍'에서 고등학교 시절의 친구를 그리워 하고 그의 죽음에 안타까워한 반면에 이 글에서 초등학교 시절에 헤어진 아득한 옛날의 친구를 잊지 못하고 있다. 구순을 앞둔 작가가 아득한 어린 시절의 친구와의 추억을 고스란히 기억하고 있다니 한편으로 부러울 뿐이다.

초등학교 삼학년 때 친구는 다른 식구들은 모두 남겨두고 엄마와 단둘이 전주로 이사를 가버렸다. 친구 아버지는 장남인데 백수건달이어서 친구 어머님이 이곳 농촌에서 살기가 어려울 정도로 생활고에 시달렸던 모양이다. 눈에서 멀어지면 마음에서도 멀어진다던데 나를 잊을 줄 알았던 내 친구는 매번 방학 때면 잊지 않고 찾아와 할머니 집은 접어두고 우리 집에서 예전처럼 같이 지냈다. 그 시절 여름방학, 겨울방학은 우리 둘에게는 황금의 연휴가 되었다. (중략)

사람의 인연이란 어떤 것일까. 이왕 만났으니 오래도록 함께했으면 좋으련만 금지옥엽으로 키우고 싶어라 하는 할머니의 마음과 둘도 없는 사이였던 나와의 정을 그처럼 미련 없이 버리고 떠나고 말았는가 싶다. 그리 빨리 가려고 있는 정 없는 정 모두 쏟아 놓았던가 보다.

친구가 그리운 어느 날 밤, 하늘가에 별똥별 하나 떨어진다.

—「소꿉놀이 친구」

생활이 복잡할수록 우리는 갈등의 소용돌이 속에서 삶을 영위하고 있다 해도 과언이 아니다. 남녀 갈등, 세대 갈등, 지역 갈등, 빈부 갈등 등 그 중에서도 오랜 관습으로 내려오던 갈등이 바로 고부 갈등이라 하겠다. 이러한 갈등 속에서 작가는 남들이 전혀 예상치 못하는 질부에 대한 사랑이다. 그만큼 인품이 넓고 이해와 아량을 베풂이 넉넉하다는 반증이 작가의 작품 속에서 우러남을 알 수 있다.

세상에 태어나서 팔십 중순에 이르기까지 사는 동안 제일 착한 사람을 뽑으라면 아마 우리 질부이다. 그런데 그 질부는 63세를 일기로 저세상으로 가버렸다. 하늘이 무너진 것 같고 내가 너무 오래 살았나 하는 느낌이 들어 마음 추스르기가 어려운 골목이다. (중략)

그런데 그 나이에 웬말인가 저세상을 가다니 세상살이가 너무 공정하지 못한 것 같아 그 어려운 생활 속에서도 내할 때는 웃는 인상이며 남 원망하지 않고 남의말 하지 않고 윗사람 공

> 경할 줄 알고 그렇게 착한 우리 질부 저세상에 가선 고생하지 말고 편안한 생 보내기 기원하네.
>
> —「착한 질부가 저세상 가다」

작가는 평생을 우리가 흔히 말하듯 여자로 태어나 아내의 길을 걸으며 어머니의 소임을 다하고 며느리의 역할을 묵묵히 해낸 일생이었으리라. 거기에 농사일까지 했다니 「작은텃밭」, 「밭농사의 추억」, 「고추」의 세 작품을 통해서 그의 식지 않는 삶의 열정과 내재된 집념에 고개가 숙여진다.

> 집안일을 배우지 못하고 학교만 다니다 졸업과 동시에 시집을 온 나는 어려움이 너무 많았다. 결혼하고 처음 모내기 날이 생각난다. 지금은 농사일이 대부분 기계화되었지만, 옛날엔 일꾼들이 모를 수작업으로 히니하나 심었었다. 많은 일꾼이 모여 일을 하니 점심을 차려야 했다. 여러 음식을 만들어서 논으로 가져가는데 막내며느리인 나에게는 국물이 든 항아리를 머리에 이고 가라고 한다. 한 번도 해보지 않은 일이라서 난관에 부딪히고 말았다. 머리에 무엇을 이고 걷는 것은 생각해보지도 못한 일이다. 하물며 국물이 가득한 동이를 이고 구불

구불하며 미끄러운 논길을 걷는다니 지금도 그 일만 생각하면 잠이 오지 않는다.(중략)

호미질하던 손으로 배고파 울던 아이에게 급히 젖먹이던 일, 자기들도 어린데 더 어린 동생 보살핀다고 고생하던 딸들 얼굴, 갑자기 비가 너무 와서 아이들을 어찌해야 할지 당황하며 어쩔 줄 몰라 했던 일 등 수많은 일이 주마등처럼 스쳐 지나간다. 즐겁고 행복한 좋은 추억은 아니지만 지금 돌이켜 생각하면 어려운 이런 일 저런 일을 이겨냈기에 지금의 내가 있지 않았나 싶다. 어쩌면 시집와서 생전 해보지 못한 밭농사를 해보겠다고 호미 한 자루로 덤볐던 그 젊은 시절이 그리운 것인지도 모르겠다.

—「호미질하던 추억」

단독 주택이라고는 하지만 대지와 건물의 평수가 거의 같아 집에서는 식물이라고는 볼 수가 없는 형편이었다. 아파트에서 사는 친구들은 온실 같은 베란다에 푸른 식물들을 가꾸던데 우리 집은 베란다 공간도 없다. 다만 빨래를 널 수 있는 옥상이란 넓은 공간이 있었다. 처음에는 옥상 빈자리가 아까워서 화분에 고추 몇 개, 부추며 상추, 대파 등을 조금씩 심었던 것이 세월이 갈수록 계속 늘어만 가 지금은 어엿한 나의 소중한 작은 텃밭이 되었다.(중략)

금년은 고추 50포기, 오이고추, 오이, 피망, 가지, 호박, 방울 토마토, 또한 속상하고 기분이 우울할 땐 텃밭에서 자라고 있는 식물들과 대화하다 보면 저절로 풀어지기도 한다. 고추며 오이 가지를 바가지 가득 따 가지고 옥상을 내려오는 즐거움은 어디에서도 얻을 수 없는 기쁨이다.

우리 집 바깥양반은 아침이면 눈 뜨기가 바쁘게 식물들이 얼마나 자랐는지를 살펴보기 위해 옥상을 올라 다니느라 등산을 가지 않고도 저절로 아침 운동을 시작하며 아침저녁으로 채소가 마를까 봐 물 주기가 바빠 텃밭은 주인 양반의 건강을 유지하는데도 일조를 하고 있다.

—「작은 텃밭」

5월 중순경에 심은 고추는 꽃을 피우고 열매를 맺어 8월 초순경부터 따기 시작한다. 이때부터 나는 고추와의 전쟁을 시작한다.(중략)

내가 고추를 직접 재배하려고 집착하는 이유는 비료를 많이 주고 약을 많이 쳐야지만 잘 자라서 우리가 먹을 수 있게 된다는 것을 알고 나서이다. 고추를 길러보니 처음엔 탄저병으로, 다음은 진딧물이 생겨 고추가 제대로 열리지도 못하고 죽어 가기도 했다. 고추 농사에 성공하기 위해서는 화학비료와 농약을 해야만 하나 많은 고민을 했다. 하지만 무공해 고추를 먹기 위해 다짐했으니, 비료를 주지 않고 음식 찌꺼기, 왕겨, 쌀뜨물 등으로만 땅 힘을 돋우려 고집 했다. 땅이 정성을 알아주었는지 아니면 비료를 안 주고 약을 안 주니 옛날 땅으로 돌아왔는지 이제는 그런대로 고추를 딸 수가 있다.

—「고추」

강이례 수필집
뜨개질로 한평생을

인 쇄 2023년 8월 10일
발 행 2023년 8월 22일

지은이 강이례
발행인 서정환
펴낸곳 수필과비평사
주 소 서울특별시 종로구 삼일대로 32길 36 305호(익선동, 운현신화타워빌딩)
전 화 (02) 3675-3885, (063) 275-4000
팩 스 (063) 274-3131
이메일 essay321@hanmail.net
출판등록 제300-2013-133호
인쇄 · 제본 신아출판사

ISBN 979-11-5933-475-7 03810
가격 16,000원